AF449736

Rufino José Cuervo

Notas a la Gramática de la lengua castellana de don Andrés Bello

Barcelona **2024**
Linkgua-ediciones.com

Créditos

Sumario

Introducción

«Habiendo llegado a mis manos varias reimpresiones chilenas de la última edición de la *Gramática* de don Andrés Bello, que contiene notables variaciones y es generalmente desconocida entre nosotros, propuse a los señores Echeverría Hermanos hiciesen una reproducción de ella agregándole algunas notas mías y un índice alfabético que yo también trabajaría. Aceptaron la oferta y a poco (en 1874) se dio principio a la edición, que es la misma que ahora sale a luz (1881), por segunda vez, más esmerada y con mayor número de notas.

«Como era mi propósito que el texto del autor saliera sin adición ni interpolación alguna, las notas se pusieron al fin; y como en las ediciones de Chile se han deslizado ya bastantes erratas, que por sí dejan ver claramente que, huérfana la obra, ha carecido de la mano cuidadosa de su dueño, he cotejado otros ejemplares, y se ha puesto el mayor esmero por parte de los señores Editores en que la presente salga correcta. La *Gramática* de Bello es en mi sentir obra clásica de la literatura castellana, y merece todo el lujo, elegancia y atildamiento tipográficos que corresponden a una obra de esta especie; el autor, modesto sobre manera, la consagró a sus hermanos de Hispano-América, y ella se imprimió en la ortografía casera usada en el país en que la sacó a luz. Deseando por mi parte hacerle justicia y darle el aspecto de universalidad de que es digna, solicité de los señores Editores la pusiesen en la ortografía adoptada por la mayor parte de los pueblos que hablan castellano, y ellos tuvieron la benevolencia de acceder a mis deseos, a pesar de no ser ésta la que siguen en las obras que imprimen por su cuenta».[304]

Estas palabras con que principia la advertencia puesta por mí a las notas e índice de la *Gramática* de Bello, dan a conocer suficientemente la historia de estos trabajillos hasta 1881.

En 1883 se incluyeron las notas y el índice en el tomo V de las Obras de Bello costeadas por el Gobierno de Chile, sin que se tocara conmigo para

---

304 Debo advertir que varios lugares del texto están redactados en el concepto de que se escribe *i* por *y, j* por *g*; por ejemplo, al hablar de los plurales de los nombres en i precedidos de vocal (números 109, 499), de la terminación femenina de los adjetivos (número 143), del género de los sustantivos en i (número 174), y finalmente en la ordenación de algunas listas (número 171, capítulo I). Solo en lo último he hecho alteración.

nada; si se hubiese dirigido a mí, yo hubiera indicado al editor que desde 1881 habían salido las dos cosas con correcciones y aumentos, y aun pudiera haber hecho otros en beneficio de su obra. En 1887 recibí con fina dedicatoria de don L. M. Díaz el libro en que reimprimió (Curazao, 1886) dichas notas e índice acompañadas de las anotaciones de don Francisco Merino Ballesteros y de observaciones propias del mismo señor Díaz. Declaradas así estas obritas *res nullius*, no me cogió de nuevo la llegada de otra reproducción de la *Gramática* de Bello con las susodichas notas e índice, hecha en Bogotá en 1889. El editor, al mismo tiempo que deja ver que yo para nada he intervenido en dicha impresión, advierte, para acreditarla, que lleva notas de otro (por todo cinco notas que forman unas veinte líneas), y que ha seguido la ortografía sancionada por la Academia Española, como si yo no lo hubiera hecho antes. Estoy, pues, en cierto modo puesto en entredicho, y si me atengo a la buena voluntad de los demás, nunca llegará el caso de que se me reconozca siquiera el derecho de corregir, alterar o aumentar lo que es mío. Para vindicar este derecho hago la presente publicación, y aseguro mi propiedad literaria para recordar que soy dueño y que siquiera por cortesía debe indicárseme el uso que va a hacerse de lo que me pertenece. Agradezco debidamente a mis apasionados la importancia que dan a mis cosas, pero no puedo perdonarles que me atribuyan la presunción de creerlas inmejorables.

Dejado aparte esto, vuelvo a la *Gramática* de Bello, y de aquí para adelante haré y desharé en lo impreso, al fin como en cosa mía.

Desde que a fines del siglo XVI se declaró en España texto exclusivo para la enseñanza del latín, atribuyéndolo a Nebrija, el arte compuesto por el padre Juan Luis de la Cerda, ha sido la gramática objeto de monopolio más o menos exclusivo en los pueblos que hablan castellano, con lo cual nos hemos acostumbrado a ver en esta disciplina no sé qué de fijo y puramente preceptivo, extraño a todo progreso, sea en la investigación de los hechos o en su explicación, sea en la clasificación o en la nomenclatura; y por consiguiente todos, sabios como ignorantes, apegados a lo que de niños aprendieron, con dificultad admiten innovación alguna, y raras veces perciben la diferencia entre una obra de rutina o de caprichosas invenciones y una obra científica. A pocos se les ocurre que el mérito de un libro filológico, ni más ni menos que el de uno sobre anatomía o botánica, consiste en la claridad con que represente el estado actual de la ciencia y en que abra horizontes para nuevas investigaciones; y que por lo mismo ninguna obra de esta especie tiene valor definitivo. Es esto tan cierto que ya obras monumentales como las de Bopp, Diez, Draeger van cediendo el puesto a otras, que a su vez se oscurecerán cuando aparezcan las que resuman los adelantos subsiguientes. Ninguna extrañeza, pues, ha de causar el que, con ser admirable la obra de Bello, requiera ahora en algunas partes rectificación o complemento. Habiendo yo estudiado esta gramática en el colegio, y tenídola después constantemente a la mano, si algo notable he encontrado en mis lecturas, luego se lo he anotado al margen; al extender esas anotaciones, solo me propongo dar un testimonio del respeto que siempre he profesado al autor, al propio tiempo que de admiración a su ciencia y de gratitud por la utilidad de que me han sido sus lecciones. ¡Ojalá consiguiera que el nombre de Bello fuera siempre el símbolo de la enseñanza científica del castellano, como hasta hoy lo ha sido, y que su obra se conservase en las manos de la juventud como expresión de las doctrinas más comprobadas y más recibidas entre los filólogos!

El Autor ha encarecido, pero acaso no bastante, lo poco a que queda reducida la esencia de la gramática general, y cuán infundado es suponer una perfecta correspondencia entre las leyes del pensamiento y las del lenguaje. Pott graciosamente dice que a medida que van estudiándose nuevas lenguas, como otro Titono se van encogiendo y adelgazando hasta poner miedo aquellos «principios generales e inmutables de la palabra hablada o escrita» que con tanto magisterio nos explayaban los enciclopedistas del siglo XVIII; otro lingüista llega a decir que para comprender la estructura del chino y de las lenguas americanas, no solo hemos de olvidar nuestra nomenclatura gramatical, sino despojarnos de las ideas que ella sugiere; y Sayce no duda afirmar que si Aristóteles hubiera nacido azteca (es decir, si su lengua nativa fuera polisintética), habría dado a su lógica una forma completamente diferente de la que le dio siendo griego.[305] Pero no es esto solo: el lenguaje

---

305 No resisto a la tentación de copiar las siguientes palabras de N. Winkler en su obra *Nomen, Verb und Satz*: «Estoy también muy distante de admitir que en el pensamiento deban existir realmente y como tales las categorías de sujeto, objeto y predicado; pues constan-

no es ya aquel mecanismo inerte y sin vida perennemente sujeto a fórmulas inmutables; todo se muda en él, la pronunciación, la escritura, la morfología, las acepciones de las voces, la sintaxis; y por tanto la nomenclatura y las reglas de una lengua no siempre son aplicables a otra. De aquí se infiere que Bello dio un paso muy conforme al estado actual de la filología al emancipar nuestra gramática no solo de las vacías especulaciones de la gramática general y las llamadas gramáticas filosóficas, sino de la rutina de la gramática tradicional. Pero hay puntos en que acaso no llevó tan adelante el método científico como sin duda lo hiciera a escribir en nuestros días; no siempre ha tenido presente que el movimiento y trasformación del lenguaje no se verifican de un salto sino paulatina e insensiblemente, y que, si alguna vez interviene en ellos el libre querer del hombre, las más se obran sin que éste se dé cuenta de ello, o como hoy se dice, inconscientemente; por manera que, alejándose una lengua más y más cada día de su tipo originario, sucede que en este movimiento incesante ofrecen las voces y construcciones estados que no pueden ajustarse a una nomenclatura anterior, y antes que trazar divisiones y clasificaciones por medio de líneas rectas, conviene en tales casos rastrear las gradaciones y pasos sucesivos que señalan el desenvolvimiento de formas, acepciones y construcciones. Bello procedió muchas veces en puntos semejantes con sorprendente sagacidad, por ejemplo, en la explicación de las construcciones irregulares del verbo ser; pero es indudable que el mismo método puede aplicarse con mucha más frecuencia.

Incalculables progresos ha hecho en nuestros días la *Gramática*, no ya en cuanto enseña a corregir una que otra falta contra el buen uso de cada época, sino principalmente en cuanto expone y aplica los principios que rigen el lenguaje, ora tomando por campo una lengua especial, ora una o más familias de ellas. Profundos y minuciosos estudios sobre la voz humana y los órganos que la producen han dado luz al elemento fisiológico del habla y a la trasformación paulatina de la parte material de las palabras. Por otro lado el examen no menos profundo de los procedimientos intelectuales que

temente y a cada paso tropiezo con fenómenos lingüísticos que están en insoluble contradicción con tal idea, y que me demuestran que dichas categorías no pertenecen a las leyes inmanentes del pensamiento, sino que se han constituido por una mera abstracción» (pág. 117, Berlín, 1887).

preceden y acompañan a la expresión hablada de los conceptos, ha enseñado a distinguir la parte que en el movimiento del lenguaje corresponde al individuo y la que corresponde a la sociedad, y emancipando a la *Gramática* de la inflexibilidad y estrechez de la lógica, la ha enlazado con la psicología, de que ha resultado la explicación de multitud de hechos que o antes no se habían reparado o se habían interpretado erradamente. Por la frecuencia con que en estas notas tocaré ciertos principios, los indicaré aquí brevemente, como que son de capital importancia en todas las partes de la gramática:

1.º Las categorías gramaticales tienen por fundamento las categorías psicológicas, pero no siempre se corresponden exactamente; así en las frases hubo fiestas, hizo grandes calores, el sujeto psicológico, el concepto que domina en el entendimiento del que habla, lo representan los sustantivos fiestas, calores, y el atributo hubo, hizo; conforme a la gramática esos sustantivos son acusativos. A cada paso se advierte tendencia a restablecer la armonía entre las dos fórmulas gramatical y psicológica, y por eso muchos dicen hubieron fiestas, hicieron grandes calores; si bien la gramática reclama sus fueros y no siempre admite la reacción.

2.º Todas las palabras (y también las frases y oraciones) se asocian en nuestro entendimiento constituyendo grupos, ya en razón de su forma, ya en razón de su significado, ya de uno y otro. Hay en cada lengua muchísimos de estos grupos y una misma palabra puede pertenecer a varios de ellos; verbigracia: ovejas, pastores, árboles, pies, constituyen un grupo por su forma, dado que todos tienen s por inflexión común, y también por el sentido porque todos convienen en significar pluralidad; ovejas, casas-tiendas, padre-nuestros, los Martínez, cualesquiera, forman un grupo de sentido en cuanto significan pluralidad, mas no de forma porque ese significado no se expresa en todos de una misma manera; ovejas, rebaño, ganado se asocian también en razón del sentido, pero por otro respecto: así ovejas puede pertenecer a lo menos a tres grupos. Además cada grupo puede dividirse en otros más pequeños; así en el grupo de plurales ovejas, árboles, pastores, pies, se apartan las voces que añaden solo *s* y las que añaden *es*. Este principio de asociación, designado con el nombre de analogía, tiene influencia suma en la vida del lenguaje. Ella nos proporciona inmediatamente modelos para acomodar a la lengua toda voz que no hemos usado u oído antes; de modo que un niño que por primera vez oiga el nombre ornitorrinco o el verbo cristalizar, inmediatamente les dará las inflexiones de las voces semejantes que ya conoce, diciendo ornitorrincos, cristalizó. Pero al mismo tiempo que la analogía es elemento de orden y contribuye a eliminar irregularidades, como si el mismo niño dice *sabo*, *cabo* por *sé*, quepo, puede también inducir a aumentar las irregularidades, si se toma como tipo una irregularidad o grupo de irregularidades, como cuando de alelí sacan en Aragón el plural *alelises*, a semejanza de *maravedises*, o cuando el verbo fregar que, conforme a nuestra fonética, se conjugaba *frego*, *frega*, vino a conjugarse *friego*, *friega*, pasando al grupo de negar, segar.

3.º Procedimiento parecido al de la analogía es la fusión o contaminación, que consiste en que, ofreciéndose simultáneamente al entendimiento dos términos o expresiones sinónimas, en vez de escoger una de ellas formamos otra mezclando los elementos de ambas. Así de los dos verbos empezar y comenzar se sacó en lo antiguo *compezar* y *encomenzar*, *comezar* y *compenzar*; de las dos expresiones no obstante sus esfuerzos y a pesar de sus esfuerzos ha salido no obstante de sus esfuerzos; en punto de filosofía + en cuanto a filosofía > en punto a filosofía; en llegando que llegará + luego llegue > en llegando que llegue, etc. La mayor parte de las construcciones o locuciones irregulares o idiomáticas tienen su origen en la contaminación.

Con estas breves indicaciones bastará para demostrar que la gramática tiene hoy que aliar prudentemente el análisis psicológico con la investigación de los hechos externos del lenguaje; determinar las fórmulas primordiales en que se conforman la lengua pensada y la lengua hablada, y rastrear las causas que han producido las dislocaciones o irregularidades; combinar en fin el método dogmático, que reduce a reglas precisas lo que permite el uso culto o literario, con el histórico, que, puestos los ojos en el desenvolvimiento de la lengua, explica cada hecho por sus antecedentes comprobados. Dándose así la mano el análisis y la cuidadosa observación del uso con la erudición y la crítica, harase fecundo y aun ameno un estudio que tanto fastidia a la niñez y a la juventud y tan escaso atractivo ofrece a la edad madura; acostumbrándonos desde un principio a seguir paso a paso el andar de la lengua para hallar en lo pasado las causas de lo presente, en lo familiar y aun en lo vulgar la clave de lo elevado y lo docto, aprenderemos a juzgar con criterio propio y a esclarecer los casos nuevos que se presenten. No digo que este método sea más fácil que el tradicional, antes sin empacho confieso que ha de ser detestable para aquellos maestros que se persuaden a que sus discípulos serán gramáticos consumados el día que tengan aprendida para cada caso una reglita con sus excepciones contables por los dedos, o una expresión técnica que cierre la puerta a todo examen o corte toda discusión.

Como materia que se toca con la pureza del texto me ha parecido oportuno advertir, en atención a la escrupulosidad que hoy se acostumbra usar en las citas de autores, que en esta *Gramática* aparecen con frecuencia modificados los ejemplos. Unas veces se ha visto precisado a ello nuestro Autor, a fin de redondearlos, pulirlos y acercarlos, sin menoscabar su pureza clásica, al tipo del castellano actual, dándoles al mismo tiempo la forma más adecuada para que puedan útilmente encomendarse a la memoria. Así, por ejemplo, la cita de don Alfonso XI (número 232) es en su original: «... tenemos por bien que si en los dichos fueros, o en los libros de las *Partidas* sobredichas, o en este nuestro libro, o en alguna, o en algunas *leys* de las que en él se contienen, fuere menester interpretación, o declaración, o enmendar, o annadir, o tirar, o mudar, que nos que lo fagamos: Et si alguna contrariedat paresciere en las leys sobredichas entre sí mesmas, o en los fueros, o en cualquier dellos, o alguna dubda fuere fallada en ellos, o algunt fecho porque por ellos non se puede librar, que nos que seamos requeridos sobrello...» (*Ordenamiento de Alcalá*, libro I, título 28). El autor puso así: «Si alguna contrariedad pareciere en las leyes (decía el rey don Alonso XI), tenemos por bien que Nós seamos requeridos sobre ello». Añadiré los originales de otras citas seguidos de las formas que les dio Bello, para que se vea el exquisito gusto con que fueron modificadas.

«Divididos estaban caballeros y escuderos, éstos contándose sus vidas y aquéllos sus amores», Cervantes, *Quijote*, II, 13. «Divididos estaban caballeros y escuderos, éstos contándose sus trabajos, y aquéllos sus amores» (número 260).

«¿Qué ingenio puede haber en el mundo que pueda persuadir a otro que no fue verdad lo de la infanta Floripes y Güi de Borgoña, y lo de Fierabrás con la puente de Mantible?», Cervantes, *Quijote*, I, 49. «¿Qué ingenio habrá que pueda persuadir a otro que no fue verdad lo de la infanta Floripes y Güi de Borgoña, y lo de Fierabrás con la puente de Mantible?» (número 277).

«Hizo el postrer acto desta tragedia madama de Gomerón, saliendo ella y dos hijas suyas niñas en busca del Conde, y pidiendo arrojada a sus pies la vida de sus hijos con las palabras y afectos que enseña el dolor...; y aunque debió de enternecerle harto al Conde esta lástima... hubo de ensordecerse a tan piadosos ruegos, respondiéndole entonces pocas palabras, aunque graves y resueltas; tal, que volvió al parecer algo consolada con la que le dio de restituille los demás hijos buenos y sanos, como lo hizo», Coloma, Guerras de los Estados Bajos, libro VIII. «Hizo el postrer acto de esta tragedia madama de Camerón, saliendo ella y dos hijas suyas niñas en busca del Conde, y pidiéndole arrodillada a sus pies la vida de sus hijos; el Conde le respondió entonces pocas palabras, tal que hubo de volverse algo consolada» (número 388). Desde la primera edición se lee en este ejemplo Camerón por Gomerón; en la presente edición va corregida esta errata.

«¡Ay Dios! ¿Si será posible que he ya hallado lugar que pueda servir de escondida sepultura a la carga pesada de este cuerpo, que tan contra mi voluntad sostengo? Sí será, si la soledad que prometen estas sierras no me miente», Cervantes, *Quijote*, I, 28. «¡Ay Dios! ¿Si será posible que he ya hallado lugar que sirva de sepultura a la pesada carga de este cuerpo que tan contra mi voluntad sostengo? Sí será, si la soledad de estas selvas no me miente» (número 415).

«Hernán Cortés se valió de este principio para volver a su respuesta, diciendo a Teutile que uno de los puntos de su embajada, y el principal motivo que tenía su rey para proponer su amistad a Motezuma, era la obligación con que deben los príncipes cristianos oponerse a los errores de la idolatría, y lo que deseaba instruirle para que conociese la verdad, y ayudarle a salir de aquella esclavitud del demonio». Solís, *Conquista de México*, 2, 5. «Hernán Cortés dijo a Teutile que el principal motivo de su rey en ofrecer su amistad a Motezuma era lo que deseaba instruirle para ayudarle a salir de la esclavitud del demonio» (número 976).

«Mirá en hora mala —dijo a este punto el ama— si me decía a mí bien mi corazón, del pie que cojeaba mi señor», Cervantes, *Quijote*, I, 5. «Bien me decía a mí mi corazón del pie que cojeaba mi señor» (número 1165).

«Cuál buscaba al amanecer entre los montones de muertos horrendamente heridos y mutilados el cadáver de un padre; quién el de un hijo o un hermano; aquélla el de un esposo o de un amante; otros los de sus amigos y protectores». El duque de Rivas, *Masanielo*, 2, 23. «Cuál buscaba al amanecer entre los montones de muertos horrendamente heridos o mutilados el cadáver de un padre; quién el de un hijo o de un hermano; aquélla el de un esposo o de un amante; otros los de sus amigos o protectores» (número 1170).

Veces hay en que la alteración se ha hecho con el designio de corregir el texto, ya de vicio proveniente del copiante o de la imprenta, ya de incorrección del escritor, y aun alguna ocasión con el de evitar una locución poco usada o que el Autor no explica en la *Gramática*. De todo esto pondré muestras.

En todas las ediciones de la *Gatomaquia* que tengo a la vista, inclusa la primera, el poema empieza así:

«
>   Yo aquel que en los pasados
> Tiempos canté las selvas y los prados,
> Estos vestidos de árboles mayores
> Y aquéllas, de ganados y de flores»;

según esto, los árboles están en los prados, y los ganados y flores en las selvas, cosa poco natural. Bello puso éstas vestidas y aquéllos, con lo cual el sentido queda corriente (número 260).

En el número 384 (nota) restablece la medida poniendo eran en vez de estaban en este alejandrino de Berceo (*Santa Oria*, 7):

«Estaban maravilladas ende todas las gentes».

Esta corrección es intachable, mas no sucede igual cosa con este otro verso del mismo autor (*Sacrificio*, 7):

«Hy offreçien el cabron e ternero e toro»,

que Bello en la nota citada pone así:

«Hi ofrecien cabro e ternero e toro»,

porque ni parece acertado introducir una voz como cabro que no está autorizada por los escritores de esa época, ni hay necesidad de disolver la combinación *ie* del co-pretérito, empleada a menudo como diptongo, según se verá en otro lugar. Más aceptable sería esta enmienda:

«Hy offreçien cabron e ternero e toro».

En el número 667 enmendó Bello la incorrección del original, que dice: «más digna de ser amada y estimada» (Granada, *Guía*, prólogo: R.[306] 8, 12): «Si la virtud es una de las cosas más excelentes que hay en la cielo y en la tierra, y más dignas de ser amadas y estimadas...».

Puso (número 332) estima en vez de aprecia para evitar el doble asonante de esta cuarteta de Meléndez (*Discursos*, I: R. 63, 2552).

«Las virtudes son severas,
Y la verdad es amarga:
Quien te la dice te aprecia,
Y quien te adula te agravia».

Una vez que en el número 402 estaba advertido que con un sustantivo por antecedente se prefiere en que a cuando, no había necesidad de hacer el cambio (número 743) en el ejemplo de Lope (Dorotea, 3, 7: R. 34, 393)

«Pasaron ya los tiempos

---

306 Con la letra R. designo en las citas la *Biblioteca de autores españoles* publicada por don Manuel Rivadeneira. Hago las referencias a ella por la facilidad con que puede consultarse en cualquier parte; pero en obsequio de la juventud estudiosa debo advertir que poquísimos tomos de ella merecen confianza para investigaciones filológicas. Para esto es menester, en cuanto sea posible, acudir a las ediciones originales, o a lo menos a las no muy distantes de ellas.

> Cuando, lamiendo rosas,
> El céfiro bullía
> Y suspiraba aromas».

No se menciona en la *Gramática* el uso de cuando con subjuntivo después de apenas seguido de un futuro, que está comprobado convenientemente en mi Diccionario; por eso se hace reparable la modificación del siguiente pasaje de Cervantes en *El celoso extremeño* (R. 1, 1752): «Apenas habréis comido tres o cuatro moyos de sal, cuando ya os veáis músico corriente y moliente en todo género de guitarra» (número 645).

En otras ocasiones no aparece tan clara la razón del cambio, como en éstas:

«¿Los reyes tenéis por santo y por honesto lo que os viene más a cuento para reinar?», Mariana, *Historia General de España*, 13, 12. «Los reyes tenéis por justo y por honesto lo que os viene más a cuento para reinar» (número 231).

«Andaba el asturiano comprando el asno donde los vendían», Cervantes, *Novelas*, 8. «Estaba el estudiante comprando el asno donde los vendían» (número 822).

> «No hay paz que no alteres,
> Ni honor que no turbes».

Tirso, El rey don Pedro en Madrid, 2, 20.

> «No hay paz que no alteres,
> Ni honor que no enturbies».

(Número 762)

«En fin, señora, ¿que tú eres la hermosa Dorotea, la hija única del rico Clenardo?», Cervantes, *Quijote*, I, 29. «En fin, señora, ¿que tú eres la hermosa Dorotea, la única hija del rico Cleonardo?» (número 995).

«Decíanme mis padres... que ellos me casarían luego con quien yo más gustase», Cervantes, *Quijote*, I, 28. «Decíanme mis padres que me casase con quien yo más gustase» (número 1041).

«Solo se quedó en pie Bradamiro, arrimado a su arco, clavados los ojos en la que pensaba ser mujer», Cervantes, *Persiles*, I, 4. «Solo quedó en pie Brandamiro, arrimado al arco, clavados los ojos en la que pensaba ser mujer» (número 968).

«Cosas... que tocan, atañen, dependen y son anejas a la orden de la caballería andante», Cervantes, *Quijote*, II, 7. «Cosas... que tocan, atañen, dependen y son anexas a la orden de los caballeros andantes» (número 1193).

Caso hay en que el cambio se hizo sin duda indeliberadamente: «Adornaron la nave con flámulas y gallardetes, que ellos azotando el aire, y ellas besando las aguas, hermosísimas vista hacían», Cervantes, *Persiles*, I, 2. «Adornaron la nave con flámulas y gallardetes, que ellos azotando el aire, y ellas besando las aguas vistosísimas vista hacían» (número 311). Mi amigo don Miguel Antonio Caro recordó en el digno homenaje que el Repertorio Colombiano consagró a la memoria de Bello con ocasión de su Centenario, la nota que va al fin de la primera edición de la *Gramática*: «Observo de paso que en el ejemplo de Cervantes de la excepción 6.ª (en la edición última, 9.ª del § 349, a), por un desliz de la memoria he puesto los poetas en lugar de las musas, y fecundos por fecundas, no sin detrimento de la hermosura del pasaje. Pero esta alteración no daña en nada a la oportunidad de la cita». Lo mismo que el Autor advierte aquí puede decirse de las demás alteraciones que quedan notadas; y así como él corrigió luego ésta, que era inoportuna, es indudable que, a repararlas, hubiera hecho lo mismo con las que se hallan en igual caso. En las primeras ediciones que corrieron a mi cargo no me atreví a hacer en el texto otras variaciones que poner en lugar de la frase novísima: «Aun bien que casi no he tomado la palabra» (número 1220), la castiza que usa Cervantes: «Aun bien que yo casi no he hablado palabra», *Quijote*, II, 1 (R. 1, 4072); y a corregir el nombre del río Sebeto, que todas las ediciones que había visto corrompían volviéndolo Sabeto. En la reimpresión anterior restablecí el texto genuino haciendo desaparecer varios defectos de esta clase. Para la presente me propuse verificar todos los pasajes de nuestros autores citados en la *Gramática*, y he formado un índice de ellos con indicación de la obra y el lugar en que se hallan; naturalmente uno que otro pasaje se me ha escapado, ya por flaquearme la memoria o los apuntes, ya por no tener a la mano las obras de que fueron sacados. De este trabajillo (que sin duda hará asomar alguna sonrisa a los labios de ciertos gramáticos) resulta que la mayor parte de los ejemplos han sido alterados o aproximados a la lengua actual, y además que unos cuantos contenían inexactitudes en que antes no se había reparado. Fuera de las que son erratas notorias, algunas de esas inexactitudes provienen sin duda de que el Autor no copió de los libros los pasajes, sino que los puso de memoria; no hay para qué decir que, sea la una o la otra cosa, les he de vuelto su primitiva pureza. En cuanto a los otros, me he contentado con indicar que están modificados, pues aquí se presenta una dificultad: reducir a un nivel la lengua de escritores de muchos siglos es falsificación histórica que no puede admitirse; pero también es inadmisible presentar como modelos en una obra destinada a enseñar el castellano de hoy, textos que se apartan de él u ofrecen desaliños o modos de hablar que con la natural mudanza de las cosas han dejado de ser usados. Colocado en este punto de vista, ha tenido razón el Autor para modificarlos; pero el maestro y el discípulo deben estar sobre aviso para no dar por efectiva semejante uniformidad. Creo que con el índice mencionado, en el cual van señalados con signos especiales los pasajes que yo he corregido y aquellos que el Autor ha modificado, quedan satisfechas las exigencias de la crítica e inculcada a los jóvenes la necesidad de la exactitud filológica.

Hay algunos pasajes que, conforme aparecen en las ediciones que de los autores tengo a la vista, no son adecuados al objeto con que los cita el Autor, pero en ningún caso esta circunstancia hace menos cierta la doctrina. En el número 301 se halla este pasaje del duque de Rivas: «Desistiose por entonces del ataque de Jesús María; pero lo fueron otros puestos de importancia»; en la página 219 del tomo 5.º de la edición de Madrid, 1854-5, se lee de este modo: «Desistiose por entonces del ataque a Jesús-María, pero fueron embestidos otros puestos también de importancia» (*Masanielo*, 2, 12). Bien puede ser ésta una corrección del escritor.[307]

---

307 En R. 40, 2261 (lo mismo que en la edición de Sevilla, 1539, fol. 1681) se halla cubriese y no se cubriese, como trae el primer ejemplo del *Amadís*, copiado en el número 748. El pasaje de Coloma, número 1041, se lee con la preposición a, deudores de a quien, en R.

Por último apuntaré que en tiempo del Autor todos creían que la *Canción a las ruinas de Itálica* y la *Epístola moral* eran obras de Rioja, y que el *Lazarillo de Tormes* lo era de don Diego Hurtado de Mendoza. En cuanto a la primera, está plenamente probado que es de Rodrigo Caro; la segunda, no hay fundamento ninguno para atribuirla a Rioja, y sí algunos para creer que sea de Fernández de Andrada; el autor del Lazarillo es desconocido, y la atribución a Mendoza completamente arbitraria.[308] No he hecho indicación o cambio en cada caso.

Nota

Para la acentuación ortográfica se siguen en esta impresión los principios de la Academia Española, en esta forma:

1.º Se aplican estrictamente las reglas aun en casos en que la Academia no lo hace; así, van acentuados reír, freír, oír, conforme a la regla: «En las voces agudas donde haya encuentro de vocal fuerte con una débil acentuada, ésta llevará acento ortográfico; verbigracia país, raíz, ataúd, baúl, Baíls, Saúl». Van acentuados *comúnmente, cortésmente, asímismo,*[309] aun cuando no lo estén en el Diccionario, conforme a la regla: «El primer elemento de las voces compuestas, si consta de más de una sílaba, y el segundo siempre, conservan su acentuación prosódica, y deben llevar la ortográfica que como simples les corresponda; verbigracia cortésmente, ágilmente, lícitamente, contrarréplica, décimoséptimo».

28, 452; pero en la edición de Amberes, 1625, pág. 121, se halla como lo trae Bello; de modo que en casos como éstos puede haber variedad en las ediciones. Otro ejemplo: R. 28, 2661 trae «pacífico el color de sus adornos y plumas», lo cual desharía el reparo del Autor sobre la repetición del artículo en «pacífico el color de los adornos y las plumas» (número 845); pero ésta es la lección de las ediciones primeras, y para hablar con justicia, el texto de Solís en la Biblioteca de Rivadeneira es defectuosísimo.

308 Sobre la *Canción a las ruinas de Itálica* véase *Memorias de la Academia Española*, I, pág. 175 y sigs.; sobre la *Epístola moral, Revue hispanique*, VII, págs. 248-50; sobre el Lazarillo, Morel-Fatio, Études sur l'Espagne, I, págs. 111 y sigs. París, 1895.

309 Dejamos sin acento *asimismo* en esta edición ateniéndonos a la ortografía académica, que coincide en este caso con la de Bello. Es caso distinto el de *cortésmente*, etc., porque en *asimismo* el adverbio así pierde su propio acento. (Comisión Editora. Caracas)

2.º Es punto capital de la reforma de la acentuación dictada por la Academia no hacer distinción, como se hacía antes, entre los verbos y las demás palabras. Escribiendo (o debiendo escribir, pues en el Diccionario no hay bastante consecuencia) *pie, quia, mue,* bue, Tio (apellido), pies, pues, buen, cien, sien, Dios, bríos, Juan, cuan, bueis, Luis, ruin, no hay duda que debemos escribir *fué, vió, dió, fuí;*[310] así queda visible la diferencia entre estos monosílabos y los disílabos *guié, rué, rió, lió,* huí, guión, Sión. Seguimos la práctica de la Academia, aunque no la ha reducido a regla, acentuando paraíso, saúco, oído; lo mismo en la combinación *uí: huída, jesuíta, casuísta,* y por consiguiente *huído, muír, destruír.*[311]

Ha parecido conveniente advertir esto, porque hay personas que se creen obligadas a seguir ciegamente hasta las erratas o inadvertencias visibles del Diccionario y de la *Gramática de la Academia.* No hace mucho que se leía en la portada de un libro que era la décimotercia edición (véanse en la última edición del Diccionario la portada, L, ny, y los demás nombres de letras en que figuran estos numerales).

Notas

1 (número 7). Examinados cuidadosamente los sonidos de una lengua literaria, ya dentro de ella misma, ya comparándolos con los de otras, resulta que su número es generalmente mucho mayor que el de los caracteres con que el uso los representa; de suerte que cada signo, más que un sonido único y exclusivo, denota el tipo de una serie de sonidos más o menos parecidos. Sin acudir a las lenguas extrañas, ni siquiera a las pronunciaciones provinciales, en nuestra habla común hay bastante diferencia en la d o la s según están en medio o en fin de dicción, como en la j antes de a y de i. No sería, pues, extraño que hubiese modificaciones expresadas por un solo signo, más distantes entre sí que otras que representamos con signos dis-

---

310 Acentuamos *fué, rió, dió, fuí* en esta edición, ateniéndonos al criterio académico, y no al de Cuervo. La idea de la Academia es sin duda mantener el acento en todos los pretéritos, monosílabos o polisilábicos. (Comisión Editora. Caracas)

311 Acentuamos en esta edición como indica Cuervo, porque coincide con las actuales reglas académicas, excepto en el caso de huir, destruir y otros infinitivos, en que la Academia no ha considerado necesario el acento. (Comisión Editora. Caracas)

tintos. Así, en rigor no siempre es exacto dar como número de los sonidos el número de letras, y por consiguiente es poco científico el llamado principio de escribir como se pronuncia, sin variar el alfabeto en cada localidad y de siglo en siglo.

El alfabeto, como cosa tradicional y heredada, tiene cierta fijeza que se aviene mal con la fluidez del lenguaje hablado; de donde resultan conflictos entre la pronunciación y la escritura, tanto en razón de la diferencia de los lugares como en razón de la de los tiempos. Así, por ejemplo, la distinción entre z (o c) y s, efectiva para los castellanos, no existe para muchos andaluces, valencianos, vascongados ni para la generalidad de los americanos, los cuales en realidad emplean tres signos para representar el sonido único de s. Lo que hoy sucede, sucedió en épocas anteriores. Fray Juan de Córdoba (1503-1595) en su Arte en lengua zapoteca, México, 1578, escribe: «Los de Castilla la vieja dizen haçer y en Toledo hazer; y dizen xugar y en Toledo jugar. Y dizen yerro, y en Toledo hierro. Y dizen alagar, y en Toledo halagar, y otros muchos vocablos que dexo por evitar prolixidad».[312] Los burgaleses se distinguían también por trocar la b y la v, diciendo vien, vestia y bida, bino, según lo testifican el doctor Busto (1533) y el helenista Vergara (1537). La uniformidad ortográfica que vemos en los libros se establece comúnmente sobre el uso de la capital, el cual también influye, aunque en grado infinitamente menor, en la pronunciación.

Para ver lo que pasa al comparar una época con otra, basta resumir brevemente la historia de nuestra pronunciación en sus relaciones con la ortografía; lo que servirá además para mostrar cómo hemos sabido modificar la

---

312 García Icazbalceta, Bibliografía mexicana del siglo XVI, págs. 226-7. El hecho consignado por el padre Córdoba se refleja con singular claridad en la ortografía de Santa Teresa, castellana vieja; la cual constantemente pone ç intervocal en todas las palabras que los impresores de su tiempo escribían con z: diçe, açe, desaçe, boçes, raçon, grandeça, luçe, goça; y omite la h de hacer, hago, hallar, harto, hasta, huir, etc. Semejante conformidad me inclinan a creer que la Santa representaba con la j el sonido de x, pues con aquél signo escribe siempre las voces dexar, lexos, debaxo, baxo, etc., lo mismo que mejor, ojo, juego, Jesús, jente, ánjel, etc. Para esta observación me refiero a las ediciones en facsímile de los autógrafos de la Vida, las *Moradas* y las *Fundaciones*. [Adición manuscrita del mismo Cuervo al ejemplar en su edición de 1907: «*Fundaciones*: donçellas, treçe, veçes, regoçijo, trajo, yja, dijo, fijaba, ymaginar, jeneral, jamás, sujeta, enojar»]. (Comisión Editora. Caracas)

segunda al compás de la primera, a diferencia de lo que acontece en otras lenguas.

B, V. Los gramáticos de los siglos XV y XVI dicen que estas letras se pronuncian de distinta manera, si bien advierten que muchos las confundían; los del siglo siguiente nos dicen que la confusión era ya general, y describen con precisión el sonido que ordinariamente reemplaza hoy a la b y la v, que no es ni la una ni la otra conforme se pronuncian en francés o en italiano, sino la w del alemán de Hanover (o sea una bilabial fricativa).

La bastante regularidad que en el uso de estas letras nos ofrecen los monumentos literarios anteriores a la confusión dicha, es indicio de que con la misma regularidad se distinguieron algún tiempo en la pronunciación. Desde los albores de nuestra lengua hasta fines del siglo XVI se escribieron siempre con v (u) intervocal las voces que en latín tienen v o b, y con b las que en latín tienen p: mouer (movere), deuer (debere), lobo (lupum); después de l, r también se escribía generalmente v: poluo (pulvis), aluedrio (arbitrium), nieruo (nervum), barua (barba); en la inicial predominaba la b, aun contra el origen: barrer (verrere), boz (vocem), bodas (vota); en dos sílabas consecutivas se escribía por regla general primero b y después v: baua, biuir, biuora, baruasco. A principios del siglo XVII se trastornó completamente esta ortografía, y no hubo regla en el empleo de tales letras.

Ç, Z. A pesar de que los gramáticos coetáneos hablan de la diferente pronunciación de la ç y la z, no es fácil atinar hoy con la verdadera, porque no conociéndose entonces la descripción fonética de los sonidos y habiendo divergencias provinciales entre los castellanos mismos, las explicaciones y comparaciones han de adolecer o de vaguedades o de inexactitudes que aun paran en contradicción de las unas con las otras. Los italianos identificaban la ç a su z, zz áspera (marzo, Zucchero), y ellos como los españoles las igualaban en la rima:

> «No hagais la vida estraña
>   Con cuidados,
>
> Que no pueden ser sobrados
> Por un tan poco embaraço;

Quanto mas que de allegados,
Amigos, deudos, criados
Cada qual toma un pedaço.
 Nos llamamos loco y paço (pazzo)
 Al contento,
Y al que tiene pensamiento
De descansar por tener».

(Torres Naharro, *Epístolas*, VII)

«Ecco il valente Ulisse de l'Arcone (Alarcón),
Col suo forte Tidide di Mendozza,[313]
Che l'un con l'hasta batte il fier Maccone,
L'altro la testa con la spada mozza».

(Bernardino Martiriano, Stanze di diversi auttori, 2.ª parte, página
40, Venecia, 1589)

Otros la comparan a la pronunciación que los alemanes dan a la c y a la t latinas diciendo Tsitsero por Cicero, litsium por litium; y a su vez se hallan trascritos con ç nombres alemanes como Zwickau: Çuibica; Landshut: Lançuet. A pesar de todo esto no falta quien nos diga que corresponde a la c francesa de certain y citoyen, y el mismo que escribía Çuibica, Lançuet, escribe uncer, mecer las voces alemanas unser, messer. En cuanto a la z, los más dicen sonaba como la z, zz suave de los italianos (zefiro, azzurro). A mediados del siglo XVI empezaron a confundirse las dos letras para quedar reemplazadas con la z actual en Castilla, al paso que en Andalucía se

---

313 «Il Signor Diego Urtado di Mendozza» se lee en la dedicatoria de los *Dialoghi di M. S. Speroni*, Venecia, 1543 (y lo mismo en muchos otros libros); así que ésta era la ortografía fonética de *Mendoça*. A la inversa en los libros españoles se escribía *Abruço* (*Abruzzo*), *Galeaço* (*Galeazzo*). [Adición manuscrita del mismo Cuervo en el ejemplar de su edición de 1907; «Mendozza = cozza, sozza. Tansillo, cap. XXI (pág. 334, Nápoles 1870). Rosasco en su *Rimario* lo trae de igual manera»]. (Comisión Editora. Caracas)

redujeron las dos a s sorda, y de ahí data la escisión que aún existe en la pronunciación del castellano.

Por lo que hace a la ortografía, era la z de raro uso en principio de dicción, hallándose especialmente en voces árabes que en su origen llevan zá: zaque, zarco; era comunísima y de uso forzoso al fin: paz, vez, matiz, andaluz; intervocal, fuera de algunas voces grecolatinas al tenor de bautizar, canonizar, la llevaban las populares que en su origen latino tienen c o ce, ci, qu o que, ch o chi: hazer (facere), dezir (dicere), cozer (coquere), monazillo (monachellus); ce, ci o te, ti latino entre dos vocales: lizo (licium), lazo (laqueus), razón (rationem), pozo (puteus), aunque hay excepciones; antes o después de consonante solo aparece por efecto de síncopa: donzella (dominicilla), salze (salicem), durazno (duracinus), diezmo (decimos); todo esto sin contar unas cuantas voces árabes que llevan zá y otras de origen oscuro. La ç (o c antes de e, i) predominaba como inicial en voces latinas correspondiendo a la c, qu, ch de su fuente: cena (cena), cinco (quinque), cédula (schedula), o a s: çafir (sapphirus), cerrar (serare), çueco (soccus); en voces arábigas correspondía a sad, sin: çauila, cifra, çumaque; y además se empleaba en otras voces de etimología oscura; como intervocal ocurría en voces eruditas, o sea tomadas intactas del latín por los doctos: sacrificio, oficio, especie; representaba la s, de sabe en quiçá; y cualquier grupo de consonantes latinas de las cuales la segunda fuese c, ch o t antes de e, i: acento (accentus), conocer (cognoscere), rociar (roscidus), caçar (captiare), braço (bracchium), Vicente (Vicentius); además, las mismas letras árabes que en principio de dicción: ataraçana, almohaça, fuera de otras palabras de origen oscuro; después de consonante era forzoso su empleo, excepto el caso de síncopa explicado arriba: entonces, *lança*, *fuerça*;[314] y por el contrario nunca se usaba en fin de sílaba o palabra. La distinción ortográfica de estos dos signos correspondiente a la de la pronunciación, perseveró desde los documentos de tiempo de Alfonso el Sabio hasta fines del siglo XVI, época en que empezaron a confundirse hasta el punto de que antes de cincuenta años reinaba la anarquía más completa.

---

314 Como se ve, el caso de acento, conocer es idéntico al de entonces, lança.

S, SS. El uso de la s sencilla o doble estaba regulado por la etimología (caso, passo). Igualmente a fines del siglo XVI comenzó a olvidarse esta distinción, que correspondía a la de la pronunciación, puesto que graves argumentos contribuyen a probar que entre massa y casa había la misma diferencia que en francés entre coussin y cousin, rosse y rose.

X, J, G, H. Representábase con la x el sonido de la shin árabe, ch francesa, sci italiana, sh inglesa y sch alemana. Según todas las probabilidades, la g antes de e, i, y la j antes de a, o, u, tenían hasta principios del sido XVI la fuerza del árabe gim, o sea el italiano gi; a lo que dice el Tansilo (1510-1568).

> «Se si nomina l'aglio in lingua nostra,
> E l'ode lo spagnuol, dice a lui trovo...
> Se sente nomar l'aglio a lo spagnuolo
> Il nostro, pargli udir comodo ed agio...».

(Capitoli, XV; en Benedetto Croce, La lingua spagnola in Italia, pág. 13)

Pero desde mediados del mismo siglo fue igualándose a la j francesa. Este nuevo sonido y el de la x no tardaron en confundirse, tal que a principios del siglo siguiente no había ya diferencia entre ellos, y, según Covarrubias (1611), no faltaba ya quien propusiera la sustitución de la x por la j antes de a, o, u y por la g antes de e, i.[315] A tiempo que esto sucedía en el habla culta, apareció en la popular la conversión de x (o sh) en aspiración, la cual hasta entonces se había representado con h, particularmente en voces latinas que tenían f[316] y en voces árabes. Aunque esta novedad hubo de ganar terreno rápidamente, todavía en el primer tercio del siglo XVII su exageración, a lo menos, era tenida por propia de los bravos de Sevilla. En un soneto de 1616

---

315 Que en el Quixote (1605), la x representaba su antiguo sonido, lo da a entender el amexi del capítulo XLI, que en árabe se escribe con shin. Los editores modernos, con el acierto que suelen, han puesto ameji.

316 Alfonso de Ulloa en su edición de la Silva de varia lección de Pero Mejía (Venecia, 1533) dice: «Al discreto lector se auisa que no pronuncie las haspiraciones (digo por declararme más la letra h), sino en aquellos nombres y uerbos que los Latinos acostumbran escreuirlos con f».

que trae Gallardo (Ensayo, IV, col. 1356), Escarramán, tipo del género, dice Hoan por Joan, Hoanes por Joanes, pelleho por pellejo, husto por justo, hiesta por fiesta, tollohías por teologías; y en el entremés de La cárcel de Sevilla, impreso en 1617, se lee baraha, barahe por baraja, baraje (ibid I, cols. 1375, 1376). Quevedo nos cuenta en el Buscón (1626) que aleccionando Matorral a su héroe sobre cómo debía haberse con los buenos hijos de Sevilla, le decía: «Y haga vucé de la g, h, y de la h, g; digo conmigo: gerida, mogino, gumo [jumo]; Paheria, mohar, habalí, y harro de vino» (II, 10); lo cual prueba que, coexistiendo las dos pronunciaciones sin estar deslindadas todavía, el vulgo se enredaba y las empleaba arbitrariamente, hecho conocido en la historia del lenguaje. Mediado del siglo, ya la j, g se empleaba para denotar la aspiración, prueba de que su antiguo valor había desaparecido.[317]

El siguiente pasaje de Cascales en sus Cartas filológicas (II, 4), cuyo privilegio lleva la fecha de 1627, comprueba el estado coetáneo de la pronunciación en conformidad con lo que hasta aquí llevamos dicho: «La r y la s en principio de parte suena tanto como dos en medio, como ramo, sabio, parra, massa. Una en medio tiene sonido más tenue, y dos más fuerte, como marquesa, condessa, casa, escassa. Pero si la r o la s en medio de parte se ponen tras de alguna consonante, suena tanto sencilla como si fuera doble; y tras de consonante no se ha de poner doble, como Enrique, inmensa; y no se ha de escribir Enrrique ni inmenssa... La j tiene diferente pronunciación que la x, porque trabajo, Cornejo, hijo, más fuerte y robustamente se pronuncian que baxo, dixo, lexos; porque para aquéllos se juntan y aprietan los dientes, y para éstos no se llegan... La ç y la z son de diferente pronunciación, como cabeça, pieça, calabaça, calaboço; grandeza, pureza, extrañeza. Y la b y la v también, como alcoba, lobo, bota, bestia, etc.; voto, uva, vano, verdad, veraz, etc. De aquí viene que dixo y hijo no son consonantes, ni trabajo y baxo, ni cabeça y grandeza, ni marquesa y condessa... yerros pueriles, pero dignos de gran pena en poetas célebres y doctos. Hallo en esta parte a los poetas españoles con oído tan boto y obtuso, que apenas sienten las dichas diferencias». El examen de las consonancias demuestra que en tiempo de Cascales

---

317 Por ejemplo, en el Parnaso de Quevedo, edición de 1650 se halla jablar, mogino, gijo (págs. 253-4).

se confundían constantemente estas letras, argumento de que en la pronunciación común sucedía lo mismo, mas no había sido así siempre. Tomemos como tipos de rimas con abraça, caça y plaça, cabeça, pieça y tropieça, roça, choça y broça, moço, boço y solloço; de rimas con z, lazo, porrazo y ramalazo, alteza, cereza y dureza, ceniza, atiza y fiscaliza, castizo, pajizo y granizo; de rimas con s, casa, rasa y brasa, pesa, mesa y duquesa; seso, queso y beso, quiso, aviso y paraíso, quexoso, hermoso y esposo; de rimas con ss, passa, tassa y escassa, passe, juntasse y sonasse, essa, priessa y confiessa, esse, cesse y fuesse, esso, huesso y aviesso; de rimas con x, abraxo y traxo, dexa y quexa, coxo y floxo, truxo y reduxo; y de rimas con j, paja, cuaja y baraja, boscaje, linaje y salvaje, trabajo, cancajo y atajo, consejo, bermejo y caballejo, hija y vasija, hijo, rijo y aflijo, hoja, enoja y escoja, ojo, despojo y enojo. Pues bien, en las obras de Garcilaso, en las rimas de Castillejo y Fernando de Herrera no se halla ejemplo como cabeça o empieça rimados con belleza o alteza, de esso con peso, de hijo con dixo; en las obras que tengo a la mano de Juan de la Encina no hallo otra infracción que Parnasso con Pegaso, Naso, caso; en las Farsas y églogas de Lucas Fernández dixe con rige y crucifige (latín); en Boscán Narcisso con paraíso, Parnasso con vaso y caso, enoja con congoxa, aveze con pese; en Acuña lexos y consejos; en Cetina Parnasso con caso, ocaso, vaso; en Hurtado de Mendoza cabeça y empieça con belleza, consejas con quexas, consejos con lexos; en Baltasar de Alcázar beso con gruesso, Narcisso con quiso, certeza con cabeça, consejos con lexos; en veintiún cantos de la Araucana passo con caso, passa con casa, raso con passo, seso con huesso, priessa con represa, dos veces promessa con empresa, y baraja con baxa, desencaxa. Pero llegando a Cervantes, Lope y Góngora las infracciones son frecuentísimas, o mejor dicho no se halla distinción alguna.

Desde la primera mitad del siglo XVIII la Academia Española ha ido remediando el desorden ortográfico que sin mermar reinaba todavía al tiempo de su fundación (1713) y acercándose cada día más a la escritura fonética. Para regularizar el uso de la b y la v tomó como base, aunque no con rigurosa consecuencia, la etimología, que era acaso lo único que podía hacerse supuesta la vacilación que hay en la pronunciación de dichas letras. Esto hizo en el Diccionario de Autoridades (1726) y lo ratificó en la Ortografía

(1741); ahí mismo desechó la ç y determinó el empleo de la c y la z. En la 3.ª edición de la Ortografía (1763) abolió la duplicación de la s; en la 4.ª del Diccionario (1803) desterró la h de christiano, la ph de philosopho, y dio a la ch y ll el lugar y orden de letras distintas; en la 8.ª de la Ortografía (1815) escribió cuatro, cuestor por quatro, qüestor, decidió que en adelante no se emplease la x con el valor gutural de j, que antes tenía en dixo, y le adjudicó el de la combinación cs (que solo por pedantería se usaba en el siglo XVI), quedando por consiguiente abolido el uso de la capucha o acento circunflejo que en 1741 había preceptuado se pusiese a la vocal siguiente cuando la x había de pronunciarse a la latina: exâmen, exôrbitante, reflexîon; y separó las funciones de la i y de la y, con algunas excepciones «por ahora» (rey, va y viene); en la 12.ª edición del Diccionario (1884) considera la rr como letra indivisible, semejante a la ll, mas no le da todavía lugar propio en el orden alfabético.[318]

Nuestra ortografía y nuestra prosodia presentan además el conflicto entre el lenguaje popular y el erudito. Al romanzarse las voces latinas se simplificaron los grupos de consonantes, ya produciendo nuevos sonidos, ya eliminando alguno: pectus: peito: petyo: pecho; oculus: oclus: oílo: olyo: ojo; signa: segna: seina: senya: seña; obscurus: oscuro: escuro; instrumentum: istrumentum: estrumente: estrumento; estas voces corresponden al primer lecho o estrato de la formación del castellano. Delictum: delito; signum: sino, pasaron al lenguaje común por medio de los eruditos, pero el pueblo no los aceptó sin aligerarlos, como hacía y hace hoy con innumerables palabras al estilo de adatar, adotar, afeción, aflición, dotor, dotrina. Las consonancias y multitud de ediciones dejan ver que nuestros mayores decían dino, indino, benino, aceta, preceto, afeto, Egito, afeción, sinificar; baste remitir al lector a lo que sobre la ortografía y pronunciación de Santa Teresa advierte don Vicente de la Fuente (R. 53, XVI).[319] Es sin duda que, consiguiente al hábito

---

318 Esta nota resume las Disquisiciones sobre antigua ortografía y pronunciación castellanas, que publiqué en la *Revue hispanique*, t. II, págs. 1-69, donde se hallan los comprobantes necesarios; aquí he añadido algunos que se me han deparado después.

319 Valdés, practicando una regla de Nebrija, decía en la primera mitad del siglo XVI: «Cuando escribo para castellanos y entre castellanos, siempre quito la g, y digo sinificar y no significar, manífico y no magnífico, dino y no digno; y digo que la quito, porque no la pronuncio».

de escribir en latín, la escritura etimológica provocó entre los eruditos la pronunciación de letras que popular y familiarmente ni se pronunciaban ni se pronuncian hoy, de que resultó la divergencia que significó en estos términos la Academia en el Discurso proemial del Diccionario de Autoridades: «Aun entre los más preciados de verdaderos y legítimos castellanos tampoco hay igualdad en el modo de pronunciar, porque lo que unos profieren con toda expresión, diciendo acepto, lección, lector, doctrina, propriedad, satisfacción, doctor, otros pronuncian con blandura, y dicen aceto, leción, letor, dotrina, propiedad, satisfación, dotor; unos especifican con toda claridad la letra x en los vocablos que la tienen por su origen, y dicen expresión, exceso, explicación, exacto, excelencia, extravagancia, extremo, y otros en unas palabras la mudan en c y en otras en s, diciendo ecceso, eccelencia, espresión, esplicación, esacto, estravagancia, estremo; unos expresan las consonantes duplicadas en varias voces, diciendo accento, accidente, annata, innocencia, commoción, commutación, y por contrario otros no la usan, y dicen acento, acidente, anata, inocencia, comoción, comutación, de suerte que es innegable la variación y diversidad en la pronunciación». La Academia, haciendo concesiones al uso popular, como no podía menos de hacerlas, se ladeó a la manera de hablar erudita; pero no tardó en reconocer que pronunciaciones como substancia, obscuro, extranjero, extraño, transponer pecaban de ásperas y afectadas, y en la cuarta edición del Diccionario (1803), atendió al uso popular, y lo sancionó otra vez en el año 1815 en la Ortografía. Posteriormente volvió sobre sus pasos, y en los últimos tiempos llega a dar la preferencia a obscuro, substancia sobre oscuro, sustancia. No creo que haya casa alguna en que se diga caldo substancioso; semejante afectación es contraria al genio de nuestra lengua.

2 (número 7). La división de las vocales en llenas y débiles no tiene aplicación práctica sino cuando se trata de la manera como se combinan entre

---

Don Antonio Agustín escribía a Zurita en 1578: «En las orthographías y puntos Vuestra Majestad hará lo que mandare; a mí mal me parece que se escriva de una manera y se hable de otra, como en la lengua francesa; y pues ninguno dize scripto, ni docto, ni sciencia, ni presumpción, no hay para qué escrivillo». Por todo lo cual se ve la sinrazón con que los preceptistas llaman licencias poéticas a estas pronunciaciones naturales de nuestros antiguos poetas.

sí para la formación de las sílabas. Vocales que pueden agregarse a otras sin formar sílaba de por sí, son débiles o medio vocales, y desempeñan las funciones de una consonante; ai, oi, ia, uo son comparables a al, on, la, no. En castellano las vocales débiles por excelencia son i, u; pero e, o tienen también a veces este carácter, como al pronunciar beatitud y coartada en tres sílabas, cae y nao en una.[320] Cuando las vocales débiles preceden (caso a que muchos autores de fonética reservan el nombre de medio vocales), es más perceptible el oficio de consonante, tal que se allegan al sonido de y la una y de g la otra, y en el lenguaje vulgar se confunden realmente, como que la gente inculta pronuncia yelo, güeso por hielo, hueso. Los gramáticos dicen que en casos tales la h parece representar un sonido consonante; mas por lo dicho es de creerse que quedaría expuesto el hecho con mayor exactitud diciendo que en estas combinaciones iniciales tiene la vocal débil valor de consonante, y que esta circunstancia se señala con la h. En hueste tiene la u fuerza de consonante, en ueste (lo mismo que oeste) forma sílaba de por sí y es vocal neta.

3 (número 16). Ya sea por efecto de una elección arbitraria como la que apropió a sonidos peculiares del romance los signos ya existentes ñ, ll, ch, ya por casual coincidencia que de dos íes (ij) produjo un signo nuevo semejante en la forma a la y llamada griega, ello es que desde la época más remota tal signo aparece en nuestra lengua desempeñando con más o menos regularidad ciertas funciones de la i: 1.ª como consonante: ayuntar, yo, vaya; 2.ª como medio vocal formando diptongo con una vocal precedente: ay, coyta; 3.ª cuando llevaba cierta énfasis por formar palabra o sílaba de por sí: y, hy, yba, cay, parayso, ayna, traydor, rey.[321] En suma era la y una i enfática, o doble, si se quiere, a semejanza de la y francesa entre dos vocales. Esta tradición es la que conservamos hoy al escribir hay, va y viene. Pero ni este uso fue general ni le han faltado contradictores. En el poemita dramático de los Reyes Magos no se halla la y ni como vocal ni como consonante, y en manuscritos posteriores no hay uniformidad completa. Aldrete en sus Antigüedades de España dice que se ha notado por cosa particular y extraordinaria

---

320 Véase Caro, Ortología y Métrica de Bello, apéndice VI, reglas 12 y 13.
321 Véase Romania, IX, 71.

que de su libro del Origen de la lengua castellana (1606) se halle desterrado el ypsilon; efectivamente, en ninguna de las dos obras se halla la y sino en voces de origen griego como Dionisyo, Hieronymo, pues siempre escribía el autor cuio, concluie, huiendo. Ésta es una buena muestra de la ceguera que puede causar la erudición, y semejante ejemplo no ha podido perjudicar a la causa de esta letra. Sus enemigos temibles son los que han querido utilizar los dos signos i, y para distinguir oficios diversos, apropiando el primero exclusivamente para las funciones de vocal y el segundo para las de consonante. El deseo creciente cada día en los pueblos que hablan castellano de acomodar a un solo tipo al hablar y al escribir, puede, amortiguando la sed de reformas, conservar indefinidamente el empleo de la y como vocal, pero no es difícil que algún día desaparezca.

4 (número 18). Dice Bello que sílabas son los miembros o fracciones de cada palabra, separables e indivisibles. *Gramática*, advierte, consta de cuatro miembros indivisibles: gra-má-ti-ca; y si quisiéramos dividir cada uno de éstos en otros, no podríamos, sin alterar u oscurecer algunos de los sonidos componentes, así, del miembro gra, pudiéramos sacar el sonido a, pero quedarían oscuros y difíciles de enunciar los sonidos gr. Cambiemos el ejemplo: grueso tiene dos sílabas: grue-so; de la primera grue podemos separar la e, quedando los otros sonidos perfectamente pronunciables. Es todavía mayor el inconveniente de llamar a las sílabas fracciones o miembros, pues a las voces monosílabas como yo, ley, Dios, no es aplicable semejante denominación. Por todo esto es preferible la definición vulgar de sílaba: una o más letras que se pronuncian en una sola emisión o golpe de voz.

5 (número 19). La regla de no poner al principio de sílaba sino letras o combinaciones de letras que puedan principiar dicción, es en general exacta; pero aplicarla como lo hizo Salvá a la r y después Bello a la misma y a la x, no puede hacerse sin objeción. Sea la primera un argumento ad hominem que agudamente propone el señor Caro (Ortología y métrica de Bello, página 24); si dividimos Ir-iarte, conex-ión, tendremos en principio de sílaba las combinaciones ia, io, con que no comienza voz alguna castellana; en segundo lugar, y es también observación del mismo señor Caro, no es fácil pronunciar r suave en principio de palabra aislada, pero sí en principio de sílaba apoyada por la precedente, y cualquiera puede pronunciar y silabear

Pa-rís, a-ro-ma, i-ríamos; cuanto más que al agregar a la vocal precedente la r se desvirtúa la pronunciación, porque se articulan de diversa manera la r final de palabra y la inicial de sílaba (ubi supra, página 21). Finalmente, si ha de dividirse a-tlántico (silabeo contrario a la pronunciación usual y a la doctrina de la Academia) porque hay Tlascala, con más razón podrá silabearse cone-xión, a-xioma, supuesto que la x inicial nada tiene de contrario a nuestra pronunciación, antes en el lenguaje científico se usan voces tomadas del griego como xifoides, xilografía; recuérdese además que la pronunciación actual de la x siempre ha pertenecido al habla erudita.

6 (número 27). Siguiendo las huellas de idiomas en que la rr es verdaderamente letra doble, se ha usado en castellano dividir guer-ra; pero ya la Real Academia ha dado su fallo en contra de esta irregularidad, y sancionado la práctica de nuestro Autor, dividiendo pe-rro, ca-rreta. Hay también una anomalía insignificante en el uso de la ch y la ll, pues al paso que las dos partes de la letra van en mayúscula al escribir MUCHO FALLO, solo la primera va en dicha forma en casos como Chile, Llaguno.

7 (número 32). Por el acento se realza una sílaba entre las demás de una palabra, o una sílaba que de por sí forma palabra entre otras sílabas inmediatas. Esto se consigue o aumentando la expiración con que producimos el sonido o alzando el tono; el primer acento, llamado de intensidad o expiratorio, es el que conocemos en castellano y en las más de las lenguas europeas modernas; el segundo acento, de entonación o tónico, cromático o musical, era característico del griego, del sánscrito, así como lo es de varias lenguas asiáticas, especialmente del chino, y aun lo emplean a veces con delicadeza el sueco, el servio y el lituano. Puede decirse que en general todas las lenguas combinan las dos cosas, pero en proporciones tan diferentes, que solo la una se toma como característica; de manera que al definir nuestro acento debemos caracterizarlo por la mayor intensidad mientras que, tratándose del griego, hemos de hacerlo por la mayor elevación del tono. No es, pues, de admirar que al describir el acento castellano, lo mismo que en otros puntos de nuestra prosodia y métrica, haya producido notables errores la irreflexiva aplicación de la nomenclatura latina, tomada, como es sabido, de la griega. Bello mismo, que en su Métrica trató de desembarazarse, aunque no tanto como fuera de desear, del enredo que han formado otros preceptistas,

describe así el acento en la *Gramática*: «El acento consiste en una levísima prolongación de la vocal que se acentúa acompañada de una ligera elevación del tono». Aquí la última parte es una tímida copia de la definición del acento griego, la primera es una concesión a los que han equiparado nuestras sílabas acentuadas a las largas de los antiguos, y falta precisamente lo que constituye la esencia de nuestra acentuación. En la Ortología da Bello la definición así: «Se llama acento aquel esfuerzo particular que se hace sobre una vocal de la dicción, dándole un tono algo más recio, y alargando un tanto el espacio de tiempo en que se pronuncia»; aquí parece que se introduce el elemento de la intensidad, pero con la misma confusión que antes. Por de contado que no puede negarse que la sílaba acentuada, por el hecho de pronunciarse con mayor intensidad, se presta mejor que las demás a prolongarse o a elevarse de tono; pero éstas son circunstancias accidentales que en nada modifican la naturaleza del acento expiratorio.

8 (número 34). Son tan varios los elementos que pueden o deben tomarse en cuenta para clasificar las partes de la oración, que es casi imposible llegar a un resultado absolutamente satisfactorio; y así nada tiene de extraño que sobre el particular haya habido tantas opiniones y disputas. Los principales elementos de clasificación en las lenguas de nuestra familia indoeuropea son la significación absoluta de la palabra, su forma y sus funciones u oficios en la frase.

En cuanto a lo primero, es cierto que las categorías gramaticales de sustantivo, adjetivo y verbo corresponden a las categorías lógicas de sustancia, cualidad y acción o acaecimiento; pero también lo es que si el sustantivo designa privativamente una sustancia, lo que no hacen ni el verbo ni el adjetivo, hay designaciones sustantivas de la cualidad o la acción (blancura, carrera), y verbos que denotan estados o cualidades permanentes (*bermejear, negrear, rojear*, en latín *albere, arere*, en griego). En atención al significado se han constituido también clases aparte con los pronombres y los numerales, pero es patente que unos y otros se reparten entre las categorías del sustantivo y el adjetivo.

Si consideramos la forma, o sean las inflexiones, fácilmente haremos la división en las tres clases de nombre, verbo y partes indeclinables o partículas; mas aquí se ofrece el tropiezo de las formas nominales del verbo y de las voces indeclinables que se sustantivan; además, ni en las partículas cabe ulterior división, ni en los nombres la de sustantivo y adjetivo; sin que valga apelar a la forma o construcción comparativa del adjetivo, supuesto que muchos por su significación la repugnan.

Tampoco faltan dificultades en la clasificación por oficios o funciones. Si el sustantivo, en contraposición del verbo y del adjetivo, ejerce las funciones de sujeto y con ellas la de objeto en su sentido más lato, también otros términos o combinaciones de términos pueden ejercerlas; y las atributivas, peculiares del adjetivo, no son ajenas del sustantivo, como aparece en las aposiciones y en el oficio de predicado. Aun mayores son las dificultades que presentan los verbos auxiliares supuesta la nomenclatura tradicional, las palabras conjuntivas, pues al mismo tiempo que donde y cuando son llamados adverbios, aunque, si pasan por conjunciones.

Además de esta variedad de conceptos, a veces contradictorios, en que pueden considerarse las palabras, hay una multitud de gradaciones o medias tintas, debidas ya a la evolución natural de los significados, ya a las influencias de la analogía: «Sucede a veces», dice atinadamente Bello, «que una palabra ha perdido en parte su primitiva naturaleza, y presenta ya imperfectamente, y como en embrión, los caracteres de otra, habiendo quedado, por decirlo así, en un estado de transición» (número 1185).

A pesar de tamañas dificultades, nuestro autor, aliando la clasificación de los oficios con la de las formas (aunque sin mencionar aquí este elemento) ha establecido una clasificación que abarca la mayoría de los casos, y, lo que vale más, ha dado idea clara de la estructura psicológica y gramatical de la oración y proporcionado instrumento precioso para analizar y discriminar los diversos oficios que puede desempeñar un mismo término. Bien es verdad que en algunas cosas ha roto con la tradición; pero en esto, más que vituperio, merece loa. Efectivamente, no se concibe que un Paul, por ejemplo, pueda decir que es arbitrario clasificar ciertas voces relativas como adverbios, y otras de funciones idénticas como conjunciones, y que al mismo tiempo se tilde a Bello por acabar con tal arbitrariedad, fijando límites exactos entre esas clases de palabras.

No obstante, la clasificación de nuestro autor, como todas las demás, ofrece puntos discutibles por el conflicto en que se hallan los diferentes criterios mencionados. En el infinitivo hallamos dos funciones diversas: de toda evidencia es que puede denotar el atributo como cualquiera inflexión del verbo, pero no se conjuga como éste; y puede también servir de sujeto, como el sustantivo, aunque no siempre lo hace de por sí, sino combinado con su sujeto, a la manera de las demás proposiciones; Bello, guiándose por el criterio de la forma, se ha decidido por el carácter sustantivo. Cosa parecida ha hecho con el gerundio, desatendiendo las funciones verbales y calificándolo de adverbio. Para clasificar entre los sustantivos el participio que con haber forma los tiempos compuestos, es patente que no ha podido aplicar su criterio, una vez que dicho participio no puede servir de sujeto. Otro escollo encontró para colocar en su cuadro el anunciativo que, llamado comúnmente conjunción, y que no puede pertenecer a esta clase según él la limita, y aquellos términos como casi y hasta que se trasforman en meros prefijos.

Indicadas las ventajas indiscutibles de la clasificación establecida en esta *Gramática* y algunos de sus flacos, creo que debe aceptarse con menos rigorismo que su autor, reconociendo que ciertos términos o ciertos matices de su empleo quedan por fuera, y explicando las razones por las cuales no se acomodan a ella. Acaso así, y valiéndose de los mismos criterios, se alcanzará más claro conocimiento de estos puntos dudosos y controvertibles, que dándoles una solución forzada.[322]

9 (número 47). El predicado es diferente del epíteto: el primero es un nombre que mediante el verbo modifica al sustantivo; el segundo es un adjetivo que se junta al sustantivo, no para distinguirlo de los demás de su género, sino para llamar la atención hacia alguna cualidad que siempre o de ordinario le acompaña. La voz predicado pertenece propiamente a la lógica, y sugiere siempre al entendimiento la cópula, el verbo, como que es corre-

---

322 Consúltese sobre estos puntos Paul, Prinzipien der Sprachgeschichte, cap. XX; Delbrück, Vergleichende Syntax der indogermanischen Sprachen, I, pág. 76 y sigs.

lativa de sujeto; epíteto, equivalente en un principio a adjetivo, es correlativo de sustantivo, y es hoy propiamente voz de la retórica; en la gramática solo merece mencionarse por la colocación que a los tales suele ordinariamente darse con respecto al sustantivo. «Y no solo son diferentes entre sí», dice el señor Caro, «el predicado y el epíteto, sino que desempeñan oficios esencialmente contrarios. El epíteto, íntimamente enlazado con el sustantivo, denota una circunstancia que subsiste independientemente y aun quizá a pesar de la acción que el verbo expresa, verbigracia: 'Hasta el manso cordero resiste'. El predicado, por el contrario, íntimamente enlazado con el verbo, denota una condición cuya duración coincide con la acción que éste expresa, independientemente y aun quizá a pesar de la naturaleza del objeto representado por el sustantivo, verbigracia: 'Hasta el león se mostró manso'. Si al revés de lo que sucede con los otros verbos, el predicado que acompaña a ser significa algo permanente, es por la significación excepcional de este verbo».

10 (número 109). En la primera edición de su *Gramática* advertía Bello que el plural de estay es estáis, lo cual aprobaba la Academia, 12.ª edición de su Diccionario, en las voces bauprés y cuchillo, siguiendo al Diccionario Marítimo; sin embargo, Eugenio de Salazar (Carta III) y Lope de Vega (Jerusalén, 1) dicen estayes. Mariana dijo taráis de taray (*Historia General de España*, XXV, 4) y el Diccionario Marítimo cois de coy (sub voce batayola). La Academia dice hoy estayes.

11 (número 110). No tiene además el plural nones, sacado de la forma antigua non, como en la frase decir nones.[323] A otros en í, fuera de alelí, rubí, extienden los poetas, si bien raras veces, el plural en s: Castillejo hace consonar borceguís con maravedís y oís (Diálogo y discurso de la vida de corte), e Iglesias usa jabalís (Cantilena IV).

---

323 Esta frase es sin duda alusiva al juego de pares y nones. La idea de Covarrubias y la Academia de que non por impar es el mismo adverbio negativo aplicado en el juego al decir par o non (par) y de ahí pares o nones, se ve plenamente comprobada por la ley XL del Ordenamiento de las Tafurerías, donde dice: «Si jugaren a la faldeta fuera de la tafurería, nin a pares non pares». Lo mismo se lee en unos versos de Pedro de Santa Fe que se hallan en el Cancionero inédito del siglo XV endiabladamente publicado por A. Pérez Gómez Nieva, Madrid, 1884 (pág. 157).

12 (número 117). Huerta en su traducción de Plinio (X, 2, anotaciones) usa en prosa el plural fenices. Lope dice también en el plural fénix. La inocente Laura, II, 17; Al pasar del arroyo, II, 12.

13 (número 119). No comprendo como Salvá primero y Bello después tomaron la voz barbacana como compuesta de barba y cana, cuando indudablemente es forastera, y su sentido nada tiene que ver con el de los supuestos componentes. Los etimologistas no están acordes en cuanto a su origen; pero sea de ello lo que fuere, no puede aplicársele la regla de los compuestos castellanos; de otra suerte, sería menester agregar como excepciones altamisa, claraboya, etc.

Los nombres cuyos componentes no se hallan en la relación determinada por el autor, ofrecen alguna dificultad: de bocacalle, bocamanga, en que el segundo elemento parece regido del primero, se prefiere el plural bocacalles, bocamangas (y acaso lo mismo en bocacaz, bocateja); salvaguardia hace salvaguardias; salvoconducto se acomoda a esta norma, según se ve en el Diálogo de Mercurio y Carón de Valdés (página 89, edición de Böhmer), aunque Pero Mejía dice salvosconductos (Historia imperial y cesárea, Antonino Pío, página 96, Amberes, 1578), y lo mismo Márquez (El Gobernador cristiano, II, 24, páginas 304, 305, Pamplona, 1615).[324]

El plural montespíos está autorizado por Jovellanos, pero la Academia prefiere montepíos.

Compuestos al tenor de críticoburlesco, líricodramático, forman su plural con el del último componente, y a la misma categoría pertenece, en mi sentir, sordomudo, pues aunque no falta ejemplo de sordosmudos,[325] lo más

---

324 El plural bocascalles se lee en Isla, Día grande de Navarra (R. XV, 231); en Moratín, Obras póstumas, I, pág. 327; en Martínez de la Rosa, Bosquejo histórico de la guerra de las Comunidades; bocacalles en Azara, Vida de Cicerón, II, pág. 338; en Toreno, Historia, II y V; en Ángel de Saavedra, Moro expósito, XII, y Una antigualla de Sevilla, I; en Gallego, Los novios, XV. Bocasmangas, condenado por la Academia, se encuentra en las Constituciones sinodales del Arzobispado de Toledo, folio 31 V.º (Toledo, 1601) y en las Obras de Cáncer y Velasco, folio 11 (Madrid, 1651); bocamangas en el Estebanillo González, V. (R. 33, 3111).

325 «¡Qué bella historia nos relata de unos ascendientes de los Escipiones el emperador Marco Aurelio Antonino, en los inmaculados e interesantes amores de aquellas dos almas delicadísimas, Etrasco romano y Verona latina, a quien la naturaleza negó el habla y el oído,

común es sordomudos: «Están acordes con este hecho las declaraciones de varios maestros de sordomudos, quienes atestiguan que antes de la enseñanza el sordomudo no conoce las verdades metafísicas» (Balmes, Filosofía elemental, Ideología, capítulo XVI); «El arte de enseñar a leer a los sordomudos fue invención del español fray Pedro Ponce de León» (Mesonero, Manual histórico, topográfico, administrativo y artístico de Madrid, página 317, Madrid, 1844).

14 (número 123). En nombres que denotan gran masa o extensión suele usarse el plural como para dar a entender que se percibe el objeto por diferentes partes o bajo diferentes formas: las aguas del mar, las sombras de la noche, los campos de Montiel, por entre los rasgones se le veían las carnes.

Hay denominaciones que se aplican a un conjunto de granos o partecillas menudas, como trigo, cebada, avena, mijo, centeno, anís, mostaza, polvo, arena; y para denotar una sola de las partes es preciso valerse de expresiones como un grano de trigo, de arena; hay otras que propiamente designan cada grano o parte, como garbanzo, comino, arveja, guisante, aceituna, ladrillo, y se dice en plural garbanzos, aceitunas, ladrillos. Pero a menudo se confunden las dos categorías usándose en singular los últimos para denotar el conjunto de granos, frutas o la materia de que se hace algo. «Si mucho tiempo está el acetuna por labrar, menéenla de un cabo a otro» (Herrera, Agricultura general, III, 35). «Almendra, nuez y avelana va de España (a América) para gente regalada» (Acosta, Historia natural y moral de las Indias, IV, 31). «Solía decir (Augusto) que la ciudad de Roma era antes de ladrillo y que él la había hecho de mármol» (Mariana, *Historia General de España*, IV, 1).

Úsanse también en singular a modo de colectivos los nombres nacionales precedidos del artículo definido; así se dice el turco, el inglés, a semejanza de el enemigo por los enemigos. «Dijo que tenía por cierto que el turco bajaba con una poderosa armada» (Cervantes, *Quijote*, II, 1).

> «Veinte presas
> Hemos hecho

---

y sordosmudos se idolatran y corresponden con elocuencia que envidiaran los más sutiles ingenios!» (don Luis Fernández Guerra y Orbe, Don Juan Ruiz de Alarcón y Mendoza, pág. 190).

A despecho
Del inglés».

(Espronceda)

Sustantivos en singular acompañados de voces de cantidad como mucho, tanto, cuanto, se toman enfáticamente en sentido plural:

«¿Qué fue de tanto galán,
Qué fue de tanta invención
Como trajeron?».

(Jorge Manrique)

«¡Oh cuánta blanca bandera
Por entre las ramas sale!
¡Oh cuánta lanza jineta!»[326]

(Lope, El bastardo Mudarra, II)

15 (número 124). La Academia da por autorizados los plurales álbumes de álbum y tárgumes de tárgum (voz caldea),

16 (número 127). Enagua cuenta con la autoridad de buenos escritores antiguos y modernos. Hemorroide, en singular, es como se halla en el Diccionario de la Academia.

17 (números 87, 128). Lejos y cerca construidos con un verbo se allegan en el sentido a un adjetivo empleado como predicado: «El lugar queda lejos, cerca»: distante, cercano. De aquí pasan a emplearse por el adjetivo en otras construcciones: «Llegó a un lugar cerca de París, no lejos del Sena»; y como por su forma tiene lejos visos de adjetivo, no hubo sino un paso que dar

---

326 Sobre estos puntos véase A. Tobler, Vermischte Beitraege zur franzoesischen Grammatik (Neue Reihe), 6. Compárese además Delbrück, Vergleichende Syntax, I, §§ 46 y sigs. Bello toca el último punto, *Gramática*, número 341.

para decir lejas tierras.[327] Lo mismo se explica el superlativo lejísimo de Santa Teresa: «Está entonces lejísimo Dios». (Vida, capítulo XX).

Pero la razón principal de este uso reside en la analogía de luengas tierras:

«Las serbas, semejantes a varones
Que en sus patrias son ásperos y rudos,
Hasta que en luengas tierras los traspones».

(Bartolomé de Argensola, *Epístolas*. Con tu licencia)

Lejos no se junta con un nombre masculino, ni aparece en los monumentos más antiguos de nuestra lengua sino con su oficio adverbial, las más veces en la forma alexos; lo cual abonando la explicación que precede, infirma lo que asienta el Autor al fin del número 87. Caso semejante nos ofrece el adverbio antiguo lueñe, sinónimo de lejos, y derivado inmediatamente del adverbio latino longe. Tiene su valor originario en estos pasajes: «Este pueblo con la boca me honra, mas sus corazones lueñe son de mí» (Partida II, 13, 18); «La mi cuita es tan grande, que como cayó de alto lugar, se verá de lueñe» (Alfonso el Sabio); «Semeja que lo lievan alcanzado, aunque vaya el venado bien lueñe dellos» (Montería de Alfonso XI, I, 6). Allégase al valor adjetivo en estos otros: «El mercadero fue sobre mar a una tierra muy lueñe» (Conde Lucanor, XLVI; R. XXXVI); «Ésta es la razón por donde este caballero vino de tierra tan lueñe» (*Amadís* de Gaula, II, 47). En los siguientes es ya adjetivo neto, que admite la inflexión plural: «Demandáronle por qué era venido de tan lueñe tierra» (*Crónica general*, II, 49); «La dicha embajada es muy ardua y a lueñes tierras» (González de Clavijo, Itinerario, página 27). La terminación en a es muy posterior, según cabe colegir de los textos en que se halla, y pudiera dudarse si se debe a la acción analógica de la lengua viva, o a la ignorancia de las formas en una voz desusada; en la edición del Conde Lucanor hecha por Argote de Molina (Sevilla, 1575), copiada por Keller y Milá

---

327 «Acrecentándose cada día la predicación del nombre de Cristo a tierras más lejos, para que así sea luz, no solo de los judíos que creyeron en él... mas también a los gentiles» (Ávila, Audi, cap. CXI).

y Fontanals, se lee «que le embiase [a] alguna tierra lueña» (capítulo XII); pero en la de Rivadeneira que diz que se apoya en manuscritos (LI, página 4212) se lee lueñe; lueñes tierras dice Cervantes en varias partes (*Quijote*, I, 29; II, 37, 41), de modo que cuando en la edición original de 1615 dice lueñas y apartadas tierras (II, 36), es lícito suponer que la vecindad del otro adjetivo obligó a usar esta forma; lueñas tierras dice también el romance, de lenguaje enteramente ficticio, que principia «Elvira, soltá el puñal», publicado la primera vez por Juan de Escobar en 1612.

18 (número 129). Con respecto a la frase ser una buena tijera que trae Bello, anota Merino Ballesteros: «Parécenos ser que la frase castellana no lleva el artículo un», y de la misma opinión es don Antonio Puigblanch, que en sus Opúsculos, página 48, dice: «la frase ser buena tijera».

19 (número 131). El nombre autorizado y universal de la ciudad es Pasto, y entiendo que lo fue desde su fundación, pues Herrera dice que «cuando la pobló el capitán Lorenzo de Aldana, año de 1539, la llamó Villaviciosa de Pasto».

20 (número 135). Hoy damos con más frecuencia que antes terminación femenina a sustantivos en ante, ente de origen participial. Sirviente, por ejemplo, era invariable:

> «Apenas pues bajaba la escalera
> Cuando al portal una mujer tapada
> Entró, de una sirviente acompañada».

> (Calderón, Los empeños de un acaso, III, 4)

Lo mismo confidente, cuyo femenino confidenta aún no tiene el pase de la Academia, aunque desde el siglo XVIII lo usan escritores respetables. Pero muchos hay que no admiten inflexión en a, ya sea porque comúnmente solo se aplican a hombres, como estudiante (lo mismo sucede con vejete entre los ete), ya porque en la vida práctica no hay necesidad de distinguir los sexos, cual se ve en oyente; así es que disuena mucho el oyenta que festivamente dijo Solís en este lugar de una loa:

«Yo, mis señoras oyentas,
Solo tengo que deciros,
Por no encargar mi conciencia, etc.»

El castellano antiguo ofrece algunas particularidades: infante, por ejemplo, era común: «La infante doña Berenguela» (Crónica de don Alfonso X, capítulo III).[328] Los nombres en dor, sustantivos o adjetivos, eran a menudo invariables; en Berceo se lee: «La Egiptiana, que fue pecador mucho» (Milagros, 521); «Alma pecador» (ibid, 257). En varios códices de las *Partidas* se halla: «Eva... quel fue conseiador deste pecado» (Tomo I, página 39, edición de la Academia de la Historia); «Natura naturans, que quiere tanto decir como natura facedor de las otras naturas» (ibid, página 189). En épocas posteriores todavía eran invariables los adjetivos agudos en es significativos de nación o país; Mariana dice dicción cartaginés, provincia cartaginés, Valbuena la leonés potencia, y Jáuregui la calabrés orilla.

21 (número 136). «Dar a los apellidos desinencia correspondiente al sexo del que lo lleva, como a los nombres, viene haciéndose desde muy antiguo. En 978 encontramos Fredenanda Sarracina; a principios del siglo XIII, Sanctia Carvalia, Marí Buena, Illana Rubia, Marí Pérez la Gata, hermana de Martín Gato; María Pinta, Mari Castaña; y en Cervantes, Sancha Redonda, Francisca Ricota, mujer de Ricote; Antonia Quijana, sobrina de Alonso Quijano; Clementa Cobeña, hija de Pedro Cobeño, y Ambrosia Agustina, hermana de don Bernardo Agustín. Y no era solo la gente inculta y sin letras la que hablaba así, los admiradores de la famosa humanista toledana no la designaban de otro modo que por la Sigea; citábanse los dramaturgos para el corral de la Pacheca; a altos y bajos daba que aplaudir y murmurar la Calderona, y los aficionados a la buena escultura celebraban la gracia con que modelaba la Roldana» (don José Godoy Alcántara, Ensayo histórico etimológico y filológico sobre los apellidos castellanos, páginas 68, 69). Hoy apenas quedan rastros de esta práctica entre el vulgo.

---

328 En la crónica latina de Alfonso VII se lee: «Cum germana sua Infante Domna Santia» (§ 5).

22 (número 152). El Conquistador de México firmaba Hernando Cortés; así, o Fernando Cortés, le llamaban sus contemporáneos y se le llamó por mucho tiempo después, según se ve en la Política indiana de Solórzano, en el Bernardo de Valbuena, etc. No obstante, el decir Hernán Cortés no es cosa nueva, dado que se halla en Mariana.

23 (número 156). Las expresiones en buen hora, en mal hora, ocurren con frecuencia en Cervantes y otros; pero también se dice en buena hora, en mala hora.

24 (número 159). El acento en San Tómas prueba que es una corrupción del inglés Saint Thomas.

25 (número 167). En el Diccionario se halla como esdrújulo, ómicron, en contrario de toda analogía y del sentir de los mejores gramáticos y lexicógrafos, que creen debe escribirse separado o micron, de suerte que solo podría haber duda sobre si era grave, según la pronunciación erásmica (usada, por ejemplo, en Inglaterra), o agudo, según la acentuación escrita. Como esta voz no la pronuncian sino los poquísimos que estudian el griego y que por consiguiente deben saber su alfabeto, no se negará la justicia de esta reclamación.

26 (número 171). Diccionario de la Academia solo trae caries; calificábalo de masculino, y así lo usa Bretón de los Herreros (Desvergüenza, Canto VIII, octava 61), que, como secretario de la Corporación, tenía por punto de honra ajustarse a sus decisiones; pero el género común y corriente de esta palabra es el femenino: la caries dice el mismo Diccionario en la voz creosota; caries extensa, comprobada, se lee en el cuadro de defectos y enfermedades que acompaña al Reglamento de exenciones del servicio militar dado en Madrid por el Ministro de la Guerra en 1879; la caries en las anotaciones a la Agricultura general de Herrera, I, páginas 199, 200.

27 (número 171). Falta en esta lista sílice, que es femenino, y no masculino como suelen usarlo en Colombia.

El hacer masculinos en América a chinche y pirámide es cosa llevada de España; acerca del primero dice Jiménez Patón (1614) que es ambiguo, y Merino Ballesteros afirma haberlo oído en varios puntos de España como masculino; el segundo, Lope de Vega no lo usa de otro modo, a tal punto, que la única vez que aparece como femenino en los cuatro tomos de comedias suyas que hay en la Biblioteca de Rivadeneira, es en La despreciada querida, que resulta no ser de él sino de Juan de Villegas.

28 (número 172). Puede asegurarse que Salvá puso en su *Gramática* como ambiguo a ceraste por haberlo hallado en el Diccionario de Autoridades usado como masculino por Laguna y como femenino por Huerta. Bello siguió a Salvá. La Academia en el Diccionario vulgar dejaba el punto en duda hasta la última edición, en que da como masculinos ceraste, cerastes, y como femenino cerasta. Esta decisión es puramente discrecional, supuesto que la ceraste se halla autorizado, además del dicho Huerta (Plinio, tomo I, páginas 406, 407, 879), por Valbuena («Y cual parda ceraste, antes cubierta», Bernardo, XXI) y por don Ángel de Saavedra (Una antigualla de Sevilla). Como masculinos se hallan ceraste en el citado Laguna y en Scio (Génesis, XLIX), y cerastes en Rojas (El más impropio verdugo, I).

En latín era herpes (genitivo herpetis) masculino y singular como en griego. De igual manera lo califica en castellano el Diccionario de Autoridades, comprobándolo con este ejemplo: «¿De qué humor se engendran los herpes? —El excedente o corrosivo se hace de la cólera pura, y el miliar de la misma, con alguna mezcla de flema delgada» (Fragoso, Cirugía, Libro II, capítulo X). Al vulgarizarse esta voz técnica de aspecto engañoso ha vacilado el uso; se ha empleado como plural y como ambiguo («la erupción cutánea de las herpes», dice don Joaquín Lorenzo Villanueva en nota al Viaje literario de su hermano don Jaime, tomo II, pág. 39); luego se le ha quitado la s para convertirlo otra vez en singular, dejándolo como antes ambiguo. La Academia reconoce el y la herpe, los y las herpes; pero es raro que no mencione el herpes, tan autorizado, por lo menos, como esotros.

[28 bis (número 172). Adición manuscrita del mismo Cuervo, al ejemplar de su edición de 1907:]

> «Dígalo el foro superior romano
> Que de tu sacra trípode suspenso
> Oráculo esperaba soberano».

> (Fray Jerónimo Esquerra, Epitafio de don Antonio Agustín;
> Agustín Rojas Villandrando, Viaje entretenido, XX,
> página 226).[329]

29 (número 177). Armazón es masculino cuando significa el conjunto de huesos del animal; así aparece en el Diccionario, y lo comprueba el siguiente lugar de Jovellanos:

> «De Rocinante oprimía
> El flaco armazón, al peso
> De espaldar, casco y loriga».

> (Nueva relación y curioso romance, etc., parte II)

30 (número 177). Origen se usaba también como femenino a usanza latina: «Resolviéronse de llamar en su ayuda a los de Cartago, con quien tenían parentesco por ser la origen común» (Mariana, *Historia General de España*, I, 18):

> «El alma, que en olvido está sumida,
> Torna a cobrar el tino
> Y memoria perdida
> De su origen primera esclarecida».

> (Fray Luis de León, A Francisco Salinas)

Orden, por el sacramento o sus grados, puede reputarse como ambiguo, si se atiende al uso de la Academia; en el Diccionario (11.ª edición) aparece como masculino en las voces Diaconato, Exorcista, Subdiaconado, y como femenino en Acólito, Corona, Grado, Lectorado, Ordenando, Ordenar. Bello lo daba anteriormente como masculino, y es indudable que nadie dice el sacramento de la orden.

---

329 (Comisión Editora. Caracas).

Hoy no es raro encontrarse en verso fin como femenino:

«La lluvia cae a torrentes,
Parece que tiembla el suelo,
Dijérase ser llegada
Ya la fin del universo».

(Don Ángel de Saavedra, El sombrero, II)

Crin se ha usado como masculino, pero solo en verso:

«Y como con sangrienta luz extiende
Sus prodigiosos crines el cometa».

(Bartolomé de Argensola, Canción a San Miguel)

«Apartando del rostro macilento
El cano y raro crin suelto y inculto,
Así sacó el debilitado aliento».

(Villaviciosa, Mosquea, VII)

31 (número 178). Mariana también dice la Címbrica Quersoneso. De pro, como masculino en la locución buen pro te haga, no conozco otros ejemplos que el de La tía fingida citado en las Apuntaciones críticas sobre el lenguaje bogotano4, § 584, y uno de la Lozana andaluza, página 78 (Madrid, 1871); en tanto que dondequiera se halla buena pro te haga. En las ediciones 10.ª, 11.ª y 12.ª de su Diccionario ha introducido la Academia el sustantivo procomún, procomunal, dándole el género masculino, si bien, como nota Garcés, en las *Partidas* se lee la pro comunal. Lo usual y corriente es buena pro te haga, el procomún, el procomunal.

Testudo, conforme a su origen, se encuentra como femenino hasta la 9.ª edición del Diccionario de la Academia, y así lo usa Moratín («Parecían una testudo romana», com., disc. prel.); en las siguientes, como masculino, de que nos ofrece ejemplo Francisco López de Zárate:

«Fórmase allí la frente del testudo,
Tormento que ha de ser de las murallas».

(Invención de la Cruz, I)

32 (número 179). En Juan de Mena[330] y en Fernández de Oviedo (Historia de Indias, II, 5, 10) se encuentra la mar océana (como en francés mer océane), tomado océano como adjetivo, de lo cual ocurren otros ejemplos de escritores castellanos:

«En la ribera del sagrado río
Que por los arenales puros de oro
Al océano reino se apresura».

(Francisco de la Torre, en el Parnaso de Sedano, VII, página 234)

«Cincuenta leguas de anchura
Se miden entrambas costas
Cuando besa los umbrales
De las océanas ondas».

(Tirso de Molina, edición de Hartzenbusch, XII, página 285)

El uso de flor, labor, calor, color como femeninos es reliquia de la tendencia antigua de la lengua a hacer de este género los sustantivos en or, como

---

330 En unas coplas que empiezan:

La lumbre se recogía
De la imagen de Diana.

en provenzal y en francés. Berceo dice la olor, y el marqués de Santillana hace lo mismo con dolor, claror, langor, furor.

33 (número 180). Desde la 10.ª edición del Diccionario de la Academia aparece polispastos como masculino, y monopastos[331] solo desde la 12.ª.

34 (número 181). Tribu se usaba a cada paso como masculino, y la Academia lo calificó de ambiguo por lo menos hasta la 6.ª edición del Diccionario.

35 (número 182). La Academia da a ónix y a las otras formas óniz, ónice el género masculino, y a ónique el femenino; Scio y Amat escriben el ónix, un ónix, y Huerta, traduciendo a Plinio, la ónique. Contra lo dicho se lee en Valbuena la ónix triste y oscura (Bernardo, libro XVIII) y en Cipriano de Valera ónique precioso (Job, XXVIII, 29). En cuanto a sardónix, Salvá lo hace también femenino, como la Academia a sardónice; la otra forma sardónique es masculina.

36 (número 185). Cada día va prevaleciendo más en afueras el género femenino; así es que la Academia le da ya este género. «Envió gruesos pelotones a guardar las afueras de la ciudad» (don Ángel de Saavedra, *Masaniello*, I, 15, 20); «Dar un paseo por las afueras del Norte» (Trueba, El gabán y la chaqueta, VIII).

Confirma la opinión del Autor sobre el género de fasces el siguiente pasaje de Coloma: «Traídas en hombros de los tribunos y centuriones (las cenizas de Germánico) marchaban delante, las banderas descompuestas y los lictores con los fasces el revés» (Tácito, Anales, III).

37 (número 186). Trasluz ha sido siempre masculino.

38 (número 187). En aguachirle el último componente es adjetivo. Tragaluz es hoy constantemente masculino; antes debió de ser femenino, pues la Academia le puso la marca de tal hasta la 10.ª edición del Diccionario, con haber corregido Salvá en la 9.ª lo relativo a género. «Un tragaluz junto al techo, de poco más de un pie en cuadro y cerrado con unas rejas bien fuertes, era par donde únicamente podía renovarse el aire y entrar la claridad» (Quintana, Obras inéditas, página 220).

---

331 La Academia apoya las voces polispastos, monopastos en el Compendio mathemático de Tosca; tomo III, pág. 311; pero en la pág. 312 se lee monospastos, forma etimológica, monopastos es, pues, errata notoria.

39 (número 189). Conforme a un uso bastante general, aprobado por la Academia, se escriben en una sola palabra veintiuno, veintidós, etc., hasta veintinueve.

40 (número 190). Uno puede usarse en plural denotando unidad, si el nombre a que se junta carece de singular: «Se venden muchas tijeras; no quedan sino unas».[332]

41 (número 195). La forma en eno era la más usual en lo antiguo, y aún no puede darse por completamente anticuada, salvo en algunos como dieziseiseno; era la propia de la lengua, a diferencia de las otras, que son puras transcripciones del latín; procedió de los distributivos latinos, los cuales en la edad media fueron muy usados como ordinales;[333] agregábase solo al último número, como en veintidoseno.

Es de notarse que el uso de los ordinales va haciéndose cada día menos común, y como son puramente latinos, de ordinario solo las personas letradas los saben de veinte en adelante. En otro tiempo se empleaban en muchos casos en que hoy serían inaceptables; Mariana, por ejemplo, dijo Juan Vigésimo segundo, y Saavedra Juan Veintidoseno.

42 (número 202). En el Diccionario aparecen duplo y triplo como adjetivos y como sustantivos, y el empleo adjetivo del primero está comprobado efectivamente en la 1.ª edición con un pasaje de Sigüenza; en lo moderno no faltan ejemplos de lo mismo: «Si existe un círculo, todos sus diámetros son iguales y son duplos de los radios» (Balmes, Filosofía elemental, Ideología, capítulo VI).

43 (número 203). Es común el ciento tanto, y en lugar de tanto se dice también doblado:[334] «En verdad os digo que ninguno hay que deje casa, hermanos o hermanas, padre o madre, hijos o heredades por amor de mí y

---

332 Lo mismo en latín: unae litterae (una carta).

333

«Anno milleno Christi de Virgine nati
Quadragenteno quinquageno quoque terno.»

(Epitaphium Stephani Abbat, Ducange, Gloss)

334 Este doblado traduce el plex latino derivado de plico; una formación semejante se observa en otras lenguas.

por el Evangelio, que no reciba agora en este tiempo presente ciento tanto más de lo que dejó, y después en el siglo advenidero la vida eterna», dice fray Luis de Granada (*Guía* de pecadores, libro I, capítulo XI, § 1) traduciendo a San Marcos, X, 29, 30, y en el mismo pasaje dice el ilustrísimo Amat el cien doblado. «Si en alguna cosa engañé a alguno, le vuelvo cuatro doblado» (Puente, Meditaciones, parte III, 28). Estas combinaciones se hallan usadas como adjetivos: «Si la tierra es húmida, pónganles dos o tres espuertas de estiércol muy añejo mezclado con dos tanta tierra en lo bajo» (Herrera, Agricultura general, libro II, 8). «El grano de trigo que sembrasteis en el sepulcro, dentro de tres días saldrá vivo con su fruto muy copioso, para premiar con cien doblada alegría vuestra soledad y tristeza» (Puente, ubi supra, IV, 56).

44 (número 211). Ejemplos más convenientes acaso de la terminación diminutiva el serían joyel de joya, cordel de cuerda. Don y doncel tienen ambos por origen común a dominus; aquél vino mediante las formas domnus, donnus, y éste mediante algo como dominicillus, única forma que explica las que aparecen en las otras lenguas romances;[335] ambos nos vinieron del latín bajo y no parece acertado sacar doncel directamente de don, como no lo sería derivar doncella de doña. Además, la terminación es aquí cel, distinta de el como cito lo es de ito, cillo de illo. En francés ocurren ambas: ormeau, lionceau.

La terminación latina es en general ulus, ula, ulum, para los nombres de las dos primeras declinaciones, y con una c antepuesta en nombres de las tres últimas: en molécula, opúsculo, partícula, la raíz es mole, opas, parti.

Es digno de mencionarse el empleo que se hace de la contraposición de las terminaciones masculina y femenina para denotar aumento o diminución; compárense saco saca, pozo poza, tambor tambora, con jaca jaco, guitarra guitarro. Acaso así se explican los diminutivos serrucho de sierra, casuco de casa, villorio de villa, y otros que mudan el género del primitivo.[336]

45 (número 224). Simple tiene los dos superlativos simplísimo y simplicísimo.

---

335 Más próxima al castellano es la contracción domisella que se halla en la citada crónica de Alfonso VII (§ 36).

336 Esta contraposición es de diverso orden que la del griego, y otras que menciona W. Meyer, Die Schicksale des lateinischen Neutrum im Romanischen, págs. 12-4.

Creo oportuno sustanciar aquí, modificándolas levemente, algunas observaciones de don L. M. Díaz. Muchos diminutivos no significan un objeto pequeño como quiera, sino cierta especie particular, según se ve en banderola, espadín, portezuela, manecilla. Esto es lo que sucede con los diminutivos latinos como opúsculo, molécula, retículo, los cuales no tienen conexión ninguna histórica ni gramatical con los primitivos castellanos correspondientes, pues que se han tomado directamente del latín en época posterior, acomodándolos llanamente a las analogías de los finales de nuestra lengua. Una cosa parecida se nota en superlativos latinos que con más o menos acierto se adjudican a adjetivos castellanos; óptimo, supremo, máximo, inferior, ínfimo no tienen la misma extensión de significado que bueno, alto, grande, bajo, y si en latín fueron superlativos y comparativos, para nosotros no lo son igualmente.

Parece que nuestra gramática no ha de mirar como inflexiones propias sino aquellas que se han formado con los recursos peculiares de la lengua y durante su desenvolvimiento histórico, o que por el sentido y la construcción se ajustan completamente a cierto primitivo o a cierto esquema sintáctico. Muy bien está que incluyamos a fui en la conjugación de ser, que demos a mejor por comparativo de bueno y a pésimo por igual de malísimo; pero ¿con qué razón adjudicamos íntimo a interno, próximo a cercano? ¿Por qué ubérrimo ha de corresponder a fértil y no a copioso, abundante? Si solo se ha de atender al sentido, ¿no serán con igual razón enorme superlativo de grande, diminuto de pequeño, gigante aumentativo y enano diminutivo de hombre? Lo más que incumbe al gramático es advertir que el castellano ha tomado de la lengua madre derivados sin los primitivos o cuyos primitivos existen en otra forma, y que estos derivados unas veces han depuesto completamente el sentido originario, como abeja, oveja, que ya no son diminutivos, al paso que otros conservan rastros de lo que eran en su fuente, por tradición pero no porque su forma nos lo dé a entender.

46 (número 225). En los autores místicos, especialmente en fray Luis de Granada, ocurre omnipotentísimo, que puede considerarse como forma enfática de omnipotente, a no ser que se diga que la inflexión superlativa modifica tan solo a potente y no a la primera parte, la cual modifica también

a éste, y que se podría interpretar el que en grado eminente, por excelencia, lo puede todo.

47 (número 231). Aunque el uso más ajustado a nuestra sintaxis es acompañar en las peticiones, certificados, etc., el nombre propio con el pronombre yo, es antigua y común la práctica de omitir el pronombre sin cambiar la persona del verbo: «Yo fray Juan Gil doy fe», «Digo yo fray Juan Gil»; «Rodrigo de Cervantes, estante en esta corte, digo», «Miguel de Cervantes Saavedra, vecino de la villa de Esquivias, residente en esta corte, digo». No hay para qué advertir que también se pone el nombre propio solo con el verbo en tercera persona: «Miguel de Cervantes, natural de la villa de Alcalá de Henares, dice» (Navarrete, Vida de Cervantes, parte II, números 93, 157).

> «Rui Velásquez, castellano,
> A ti, Almanzor, rey supremo
> De España, salud envía».

> (Lope, El bastardo Mudarra, I)

48 (número 232). Nos y vos fueron primitivamente los pronombres de primera y segunda persona en el número plural, en lugar de nosotros y vosotros, y como tales se han conservado en poesía, si bien hoy, aun así, son sumamente raros. El autor da ejemplo de vos, he aquí de nos:

> «Teniendo por tan cierta su locura,
> Como nos la evangélica escritura».

> (Ercilla, Araucana, I)

El otros debió de añadirse en un principio para denotar un contraste, como hoy se hace en francés y en portugués, verbigracia: «¡Cuánta razón tienes de quejarte de agravio tan grande, de que acordándote tú siempre de nos, nosotros te hayamos puesto en olvido!» (Ávila, Eucaristía, XIV). «Nos pères ont adoré sur cette montagne, et vous dites, vous autres, que le lieu où il faut adorer est a Jerusalem»;

«Aquella alta e divina Eternidade,
Que o ceo revolve, e rege a gente humana,
Pois que de ti taes obras recebemos,
Te pague o que nos outros nao podemos.»[337]

(Camões, Os Lusíadas, II)

49 (números 246-7). Nusco, connusco, vusco, convusco corresponden a los primeros monumentos de la lengua, hasta fines del siglo XIV. Nebrija en su gramática (1492) da todavía como forma única del dativo y acusativo vos, a vos; pero en el acróstico que va al principio de la Celestina, exige la medida del verso que se lea os.

50 (número 251). Es curiosa la variedad de formas que, primero en el lenguaje vulgar y después en el familiar, asumieron casi simultáneamente a fines del siglo XVI y principios del siguiente las dos combinaciones vuestra merced y vuesa merced, y las fusiones que de las dos familias se hicieron. Pónelas de manifiesto el siguiente cuadro, cuyos comprobantes omito aquí en obsequio de la brevedad:

Vuestra merced	Vuesa merced	
Vuested	Vuesa erced	Vuesancé
Vusted	Vuesarced	Usancé
Usted	Usarced	
	Vuarced	

---

337 Consúltese Bopp, Vergleichende Grammatik, § 371; Diez, Grammatik, tomo III, pág. 43 (traducción francesa); Meyer-Lübke, Grammatik, tomo II, § 71. Lo mismo se halla en alemán «Ich will nicht auf die Verschiedenheit der praktischen Consequenzen zurückkommen welche zwischen den Junggrammatikern und uns Anderen bestehen» (Schuchardt, Ueber die Lautgesetze, pág. 36).

Voarced

Voaced

Oacé

Vuced

Uced

Océ

Formas mixtas o fusiones

Vuesasted = vuesarced + usted.
Usasted = usarced + usted.
Vuesasted = vuesasted + vuesarced.
Vuesansté = vuesancé + usasted.
Vuesamesté = vuesamerced + usté, vuesasté.

51 (número 252). Es práctica antigua el usar el posesivo de tercera persona acompañando al nombre abstracto cuando se habla a la persona que lleva el título: Sancho le dice al cura (*Quijote*, I, 47), su Reverencia, su Paternidad, y así se acostumbra siempre en Colombia: su merced, su señoría en vez de vuestra merced, vuestra señoría, son los tratamientos ordinarios, de los amos el primero, de las dignidades eclesiásticas el segundo. Este uso del posesivo de tercera persona proviene de la costumbre de usarlo siempre que se habla de una persona dándole algún título; o más bien de que, siendo de tercera persona todos los demás posesivos que se refieren a la persona denotada por el título, su uso se ha extendido al título mismo.

52 (número 271). Úsase la antes de adjetivos que comienzan por a acentuada, aun en el caso de estar sustantivados: «Él vive en la casa baja, y yo en

la alta». La Academia asienta que los nombres propios de mujeres, y los de las letras a y h necesariamente llevan la: la Águeda, la Ángela, la a, la hache.

53 (número 272). A la manera que en obsequio de la eufonía dice Maury a el alma, es práctica común hoy, y al parecer autorizada, escribir de el del por del del: «De este parecer no estoy tan seguro como de el del Consejo reunido» (Quintana, Memoria sobre su proceso y prisión en 1814); «Se replegaron no sin dificultad y pérdida al palacio. Los sublevados se apoderaron de el del duque de Ascoli» (don Ángel de Saavedra, *Masanielo*, II, 4); «El patronímico, precedido del nombre de bautismo y seguido de el del solar, constituyó una denominación parecida al tria nomina nobiliorum de los romanos» (don José Godoy y Alcántara, Apellidos castellanos, II). Sin embargo, en ediciones más antiguas se observa lo contrario; en la Historia de España de Mariana, Madrid, 1608, tomo II, página 177, se lee «del de el rey don Pedro» (R. 31, 382: «del del rey don Pedro»). En el tomo XI de las obras de Quevedo, página 110, edición de Sancha, dice «hermano del de el Carpio» (R. 23, 2141: «hermano del marqués del Carpio»).

54 (número 274). Del demostrativo latino ille han salido en castellano dos series de formas caracterizadas por el acento: él, ella, ellos, ellas, ello, acentuadas, se usan como voces independientes de libre colocación en la frase: el, la, le, lo, las, les, los, átonas, se apegan precisamente a otras voces, ya como enclíticas, ya como proclíticas. Pero esta clasificación fonética de las formas no casa exactamente con su clasificación gramatical; bien es cierto que las formas acentuadas e independientes son sustantivos, supuesto que pueden servir de sujeto en la proposición y representan de por sí personas o cosas; mas en las formas átonas no se halla igual fijeza de funciones: le, les solo se apegan a un verbo, precediéndole o siguiéndole (díjole, les dio) y representando personas o cosas; la, los, las se anteponen a los sustantivos determinándolos, o bien, como le, les, preceden o siguen a los verbos (la carta, los pinta); lo va con verbos y con adjetivos (lo niega, lo bueno), el precede a los sustantivos (el libro), y lo mismo que la, lo, las, los, a adjetivos, complementos y frases relativas que representan el concepto y hacen el oficio de sustantivos (las feas, los de París, el que busca halla). El análisis de las formas átonas que se juntan de ordinario con sustantivos, digamos del artículo, ofrece varias dificultades, provenientes las más de que algunas de

las combinaciones en que entran puede clasificarlas nuestro entendimiento en grupos diferentes, de donde resultan vacilaciones que no permiten trazar líneas bien marcadas entre todas sus aplicaciones. Esto es lo que va a verse en las observaciones siguientes:

I. Los adjetivos se sustantivan, y hacen entonces por sí solos todos los oficios del sustantivo: «Este mundo y la Iglesia es ahora como un rebaño de ovejas y cabritos, esto es, de buenos y malos, mezclados de tal manera que no siempre se conoce quién es oveja de Cristo o cabrón de Satanás» (Puente, Med., parte I, 14): aquí buenos y malos hacen el mismo oficio que ovejas y cabritos. Con el artículo se dice los buenos y los malos, como las ovejas y los cabritos; por donde se echa de ver que no es necesaria su compañía para que el adjetivo se sustantive.

Una frase adjetiva puede sustantivarse lo mismo que el adjetivo solo; omitiendo hombres en los hombres muy ricos, queda los muy ricos, lo mismo que los mal educados, los limpios de corazón, los aficionados a libros. Dícese el verdadero humilde sustantivándose humilde solo, y el verdaderamente humilde sustantivándose la frase adjetiva verdaderamente humilde.[338]

El adjetivo no solo se sustantiva representando algo concreto, como en los ejemplos anteriores; tómase también en su significado general, denotando los objetos todos que tienen cierta cualidad, en el concepto de tenerla, o la cualidad misma prescindiendo de ellos; verbigracia: «Para distinguir entre torpe et honesto, vicio et virtud, bueno et malo, el hombre ha menester conocimiento» (Alfonso de la Torre, Visión delectable, parte I, capítulo II).

> «El Padre y Rey de humano y de divino
> Hará de mí lo que ordenado tiene».

(Hernández de Velasco, Eneida, X)

> «Hizo a Wamba el pueblo, junto
> En concorde elección, rey poderoso,
> Y él, dando temporal por infinito,

---

338 Lo mismo que en latín facete dicta.

La púrpura trocó en sayal bendito».

(Valbuena, Bernardo, II)

«Vino con grueso ejército y armado
A Italia, y todo el mundo amenazando,
Sin perdonar profano ni sagrado».

(Hurtado de Mendoza, Carta VI)

«El oído fácilmente
Discierne bueno y malo en la armonía».

(Tomás de Iriarte, Música, I)

«Los edificios de la ciudad nada tienen de grandioso.» En los adjetivos que no expresan cualidad se denotan, usándolos así, objetos a que cuadraría la determinación expresada por aquéllos: «Harto os he dicho», «Mucho se espera de su prudencia»;

«A otro que amores dad vuestros cuidados»;[339]

(La Celestina, versos acrósticos del principio)

y éstos son los sustantivos neutros del Autor. Pero nuestra lengua aventaja en este punto a las demás romances, pues tiene una forma propia del artículo que se une con los adjetivos usados de este modo; cuando se dice en portugués o bello, en italiano il bello, en francés le beau, nos valemos en castellano de lo, lo bello, que corresponde a la terminación neutra del artículo en otras lenguas:, das Schöne; y como nunca se junta con nombres masculinos ni femeninos, es realmente neutro, y por tal debe también reputarse

---

339 Este verso se halla con insignificante variación en el Laberinto de Juan de Mena, estrofa
    107.

el adjetivo así sustantivado. Los pasajes siguientes lo presentan precedido del artículo neutro y de un posesivo apocopado:

«Por ende non te espantes de lo mi razonado
Nin por el mi fablar non seas enojado».

(Rimado de Palacio, 1258)

«Aunque aquí tu mortal yace so tierra,
Lo inmortal, y tu claro nombre y gloria
Viven y vivirán eternamente».

(Figueroa)

En este sentido puede también sustantivarse no solo el adjetivo sino la frase adjetiva; decimos lo único necesario, lo mucho bueno que hay en el libro, lo bello ideal, sustantivando a único, mucho y bello y modificándolos con el artículo neutro y los adjetivos necesario, bueno, ideal; en lo meramente necesario, lo verdaderamente sublime, se hallan sustantivadas y modificadas por lo las frases adjetivas meramente necesario, verdaderamente sublime. Todo esto vemos ejemplificado en el siguiente lugar de don Antonio Cánovas del Castillo: «Tan peligroso era poner fuera de sí mismo límite alguno a lo bello; tan funesto pareció desde el principio establecer preceptos, no ya positivos, sino aun negativos, para el arte, bien que ellos se basasen no menos que en las leyes de lo perpetuamente verdadero y de lo bueno, perfecto y eterno» (Discurso sobre la libertad en las artes).

Aquí notaré que el adjetivo neutro presenta las cualidades más en abstracto que el sustantivo correspondiente; al decir lo bueno, se ofrece al entendimiento una cualidad claramente desprendida de su sujeto; en la bondad, por el mero hecho de su carácter léxicamente sustantivo, no aparece tan a las claras la falta del sujeto; a lo que se agrega que, acaso por la misma razón, se observa en las lenguas, a medida que van entrando en años, la tendencia a convertir en concretos los nombres abstractos.[340]

Es también digno de notar que el adjetivo no se sustantiva en la inflexión superlativa; dícese, por ejemplo, los muy ricos, pero no los riquísimos; lo muy dulce, pero no lo dulcísimo.

Una ligera comparación con el latín, lengua que no tiene artículo, me parece oportuna para hacer ver con más claridad la estructura de las frases castellanas:

Adjetivos sustantivados: boni, mali = (los) buenos, (los) malos; bonum, honestum = (lo) bueno, (lo) honesto; en estos casos se omite el artículo en castellano cuando, según el genio de la lengua, tampoco se usa con sustantivos comunes: «Persiguen a buenos y malos»; «Se robaron bueno y malo». En este pasaje de Cicerón: «Omnino illud honestum, quod ex animo excelso magnificoque quaerimus, animi efficitur, non corporis viribus» (Off., I, 23), si cupiera poner un sustantivo equivalente de honestum, supongamos honestidad, saldría muy bien aquella honestidad, y así tradujo Támara; tomando el adjetivo neutro, no sería dable decir aquello honesto, porque aquello es sustantivo, pero sí lo honesto, aunque perdiéndose la demostración, como sucede con el artículo. Con todo, es de observarse que, siendo general en su significado el adjetivo neutro sustantivado, y tratándose aquí de una acepción técnica del vocablo, lo más propio sería sustantivarlo con el artículo masculino; y entonces diríamos en la ética el honesto,[341] como en la retórica el sublime, el patético, en la economía política el superfluo, el necesario, en las bellas artes el desnudo, el antiguo, etc. De todo lo dicho se deduce que en los buenos, lo bueno las formas átonas del artículo son modificativos, y buenos, bueno representan el objeto o concepto modificado, aquéllas son adjetivos, éstos sustantivos.

II. A ciertas frases castellanas y portuguesas en que figura el artículo corresponden en las demás lenguas romances y en otros giros muy diversos, por cuanto aparecen en ellos, en vez del artículo, que es esencialmente ad-

---

340 Véase Cantú, Historia Universal, libro VII, capítulo XIX; Monlau, Del arcaísmo y el neologismo, VI.

341 «Como escribe Crisipo en el libro primero del honesto y del deleite» (el Comendador Griego, sobre la copla 231 del Laberinto de Juan de Mena).

jetivo, demostrativos sustantivos o sustantivados; examinemos cómo pueden explicarse las nuestras.

a. Los complementos equivalen muchas veces a adjetivos (*Gramática*, números 76, 84),[342] y lo mismo que ellos pueden sustantivarse; verbigracia:

> «¿Qué dices, loco villano,
> Atrevido, sin respeto?»:
>
> (Moreto, El desdén con el desdén, III, 6)

sin respeto vale irrespetuoso, y señala a la persona con quien se habla como lo haría un sustantivo.[343]

> «Algún sin alma que aguarde
> Lo que esperamos los dos»:
>
> (Tirso de Molina, Quien calla, otorga, I, 15)

sin alma equivale a desalmado, y está sustantivado sirviendo de sujeto a aguarde y modificado por algún.

> «La pobre madre se enoja
> De marranería tanta,
> Y a la sin vergüenza arroja
> Este anatema que espanta»:

---

342 «Era recto, que es decir, de ánimo y de costumbres no torcidas.» (fray Luis de León, Job, I).
343 Otro ejemplo:

> «Infame,
> bajo, vil, de humilde pecho,
> Mi respeto justo ha hecho
> Que tu sangre no derrame.»

(Guillén de Castro, Las mocedades del Cid, 2.ª parte, I)

(Trueba)

sin vergüenza es como desvergonzada, y sustantivado sirve de término a la preposición a; va modificado por la forma abreviada del artículo, lo mismo que en el ejemplo anterior aparece la apócope algún.

Volvamos los ojos al latín. Cicerón usa un giro como éste: «Est Themistoclis nomen, quam Solonis, illustrius» (ubi supra, I, 22); aquí Solonis está sustantivado y se traduce el de Solón. De una manera semejante el complemento modicae fidei, que los traductores han vertido hombre de poca fe y que en el texto griego es un adjetivo, se halla en la Vulgata empleado como vocativo (Matth., XIV, 3). De un complemento sustantivado en el sentido de adjetivo neutro, nos ofrece ejemplo el siguiente pasaje de San Agustín: «Quod dixi non est de meo sed de domini mei»; aquí hace juego domini mei con meo, y sirve de término a la preposición de; literalmente podría traducirse lo de mi señor.

b. Las frases relativas equivalen también a adjetivos; en comprobación de lo cual basta abrir un diccionario, donde se verá que muchísimos se definen por medio de ellas, o tratar de traducir de una lengua copiosa en participios, pues será menester a cada paso echar mano de frases relativas para expresarlos.[344] Si decimos el hombre amante y el hombre que ama, tendremos dos frases sustantivas en que hombre va modificado primero por un adjetivo y luego por una frase relativa; omitamos el sustantivo, y quedarán los otros haciendo sus veces: el amante, el que ama; correspondencia que se conserva en el neutro: lo agradable, lo que agrada.[345]

Conforme a lo que precede, complementos y frases relativas sin artículo equivalen a un adjetivo: hombre bueno y de valor = hombre bueno y va-

---

344 «Invisible y que todo lo ve, inmutable y que todo lo muda» (Granada, Memorial de la vida cristiana, V); «Es varón, esto es, no muelle ni afeminado para la virtud, ni que se vence fácilmente» (fray Luis de León, Job, I); «No es perfecto el ignorante y que no sabe» (idem, ibid).

345 En el siguiente pasaje la frase relativa los como yo vale los semejantes a mí: «Estos tales eran a quien todo les estaba bien, y en los como yo era maldad y bellaquería» (Alemán, Guzmán de Alfarache, parte I, libro II, capítulo VI).

liente, hombre bueno y que sabe mucho = hombre bueno y muy sabio; y con artículo a un sustantivo: el sin vergüenza = el desvergonzado, los que enseñan = los maestros. Además, expresiones como la esposa, la rica, la de negros ojos, la que cautiva, constituyen un grupo formal y al mismo tiempo de sentido, en cuanto el artículo se combina como proclítico con términos o expresiones significativas de las cualidades o condiciones mediante las cuales se señalan objetos conocidos; grupo que pudiera también calificarse de lógico, en cuanto todas ellas pueden usarse para representar el sujeto de la proposición. Véase en el siguiente pasaje la armonía que guardan semejantes designaciones, no solo en la estructura del período sino en la manera con que se ofrecen al entendimiento: «Quedó pasmado don *Quijote*, absorto Sancho, suspenso el primo, atónito el paje, abobado el del rebuzno, confuso el ventero, y finalmente espantados todos los que oyeron las razones del titerero» (Cervantes, *Quijote*, II, 25).

Por otra parte, como sea el oficio natural de los complementos y frases relativas de que aquí se trata el de modificar sustantivos, y haya además muchísimos casos en que el genio de la lengua y la naturaleza del concepto no permiten concebir la equivalencia de un adjetivo, el entendimiento se inclina a ver el sustantivo en el artículo más bien que en el complemento o en la frase relativa, o lo que es lo mismo, a hacer entrar la expresión en el grupo de sentido que forman los sustantivos acompañados de un modificativo. Así cuando decimos: «Después de la parte oriental de la ciudad pasó a reconocer la del sur», tomamos el la último como representante natural de parte y a él referimos el complemento del sur, lo mismo que antes el adjetivo oriental al mismo sustantivo expreso; en «Nos encontramos con el de que hablábamos», referimos la frase relativa de que hablábamos a el, dando a éste la fuerza de el hombre, el sujeto.

Sin embargo, casos hay en que una frase relativa con artículo equivale naturalmente a un sustantivo, sin que aquél haya de tomarse como tal; por ejemplo: 1.º Cuando va en aposición con un sustantivo, ya explicándolo, verbigracia, «Fabló mío Cid, el que en buen hora cinxo espada», ya especificándolo o distinguiéndolo, por ejemplo, «El rey don Alfonso, el que ganó a Toledo»; aplicaciones que dieron origen al empleo de el que, la que, etc., como meros relativos (*Gramática*, número 325). 2.º Cuando se usa como predicado: «Cuando el cuervo da voces, y con ellas te da a entender alguna mudanza del aire, no es el cuervo el que te avisa, sino Dios. Y, si por las voces y palabras humanas eres avisado de algo, ¿no es también Dios el que crió ese hombre y le dio esa facultad para poderte avisar?» (Granada, *Guía*, I, 3); nótese que se dice «él fue el que me enseñó», «ella fue la que me enseñó», lo mismo que «él fue mi maestro», «ella fue mi maestra». 3.º Cuando se emplea como vocativo: «Dime tú, el que respondes, ¿fue verdad o fue sueño lo que yo cuento que me pasó en la cueva de Montesinos?» (Cervantes, *Quijote*, II, 62).

III. Sobre el carácter de lo cuando reproduce predicados, parece cierto, como Bello dice, que es el acusativo de ello. Sin alegar la analogía de lenguas, como la arábiga, en que el predicado de ser y otros verbos análogos va precisamente en acusativo, en provenzal y en francés tenemos comprobación más segura.[346] En todos estos casos la cualidad o estado se representa como resultado de la existencia, y pudiera creerse que en ciertas cualidades el acusativo las hace aparecer como efecto de la libre actividad del hombre, que puede ser lo que quiere: «Si no es virtuoso, es porque no quiere serlo». El lenguaje representa esta actividad como cualquiera otra, por material que sea: «Si no vive virtuosamente, es porque no quiere hacerlo».

55 (número 284). Esta nomenclatura de los casos procede de la filosofía estoica, en la cual ptosis, que los romanos tradujeron casus, significa realmente caída, es decir, la inclinación o relación de una idea con respecto a otra, el caer o reposar una idea sobre otra. Hubo largas y destempladas disputas sobre si al nominativo podría aplicarse el nombre de ptosis o caída, y todo verdadero estoico habría rechazado la expresión casus rectus, porque el sujeto o nominativo, según su modo de ver, no caía o reposaba sobre nada, sino se mantenía erguido, al paso que todas las demás palabras estaban oblicuas hacia él y dependiendo de él. Hoy la palabra caso nada

---

346 Sacy, Grammaire Arabe, tomo II, §§ 86, 87, 88. Uricoechea, *Gramática* árabe de Caspari, §§ 406, 407. En provenzal la forma o que se emplea en estos casos, no tiene otro valor que el de acusativo neutro: «Vós me apelláz majéstre e dóm, e dizét o bé, car eu o sói», Bartsch, Chrestomathie, 9, 16. En francés el relativo va en este caso precisamente en acusativo: «Elle ignore ce qu'est la vie d'outre-tombe»; «De facile qu'elle était aux impressions du bien, elle devient rebelle et réfractaire».

de esto sugiere el entendimiento, pero es noticia curiosa en la historia de la gramática, que anoto aquí tomada de Max Müller,[347] porque es muy fácil que a alguien se le ocurra averiguarlo.

56 (número 294). El caso del infinitivo reproducido por neutros puede reducirse al de las proposiciones, según se verá en la nota sobre el infinitivo.

57 (número 295). Es característico del estilo de Gabriel Alonso de Herrera reproducir cualquier sustantivo, masculino o femenino, especialmente los primeros, por un demostrativo neutro: «El centeno es de su cualidad frío; dello se hace muy mal pan, dañoso al estómago, que se pega si no son a ello muy usados» (Agricultura General, I, 14); «El trigo trechel es más frío que lo blanco» (ibid, capítulo XII). Esto tiene traza de ser usanza antigua de gente campesina. En Cervantes mismo se lee: «Solo traigo en mis alforjas un poco de queso, tan duro, que pueden descalabrar con ello a un gigante» (*Quijote*, II, 13).

58 (número 316). Según nos dice Bello, en estas oraciones: «Que la tierra se mueve alrededor del Sol es cosa averiguada», «Los animales se diferencian de las plantas en que sienten y se mueven», que es un sustantivo equivalente a esto y perteneciente a la proposición principal. Esta explicación me parece demasiado artificial, y ofrece las dificultades siguientes, que pueden pasar por argumentos en favor del carácter relativo de este vocablo, del cual lo despojaríamos haciéndole pertenecer a la proposición subordinante:

1.ª A tomarse que como equivalente de esto y perteneciente por tanto a la proposición subordinante, habrá de hacerse lo mismo con si en «No sé si tendrá buen éxito la empresa», dado que se puede convertir en «No sé esto: ¿tendrá buen éxito la empresa?». La única diferencia entre uno y otro consiste en que este si, como degeneración del condicional si, está destinado por la lengua para denotar duda, y el que, igual en su forma al relativo neto, para lo aseverativo o puramente expositivo; usos ambos muy naturales, pues lo condicional se da la mano con lo contingente, y la carencia de sufijo o inflexión determinada en el relativo lo califica para expresar la dependencia más incolora entre dos proposiciones.

---

347 Lectures on the Science of Language, I, III.

2.ª La resolución de que en esto no puede verificarse sino en ciertos casos, y especialmente es inaplicable cuando el verbo subordinante pide subjuntivo: «Temo que venga», no puede reducirse a «Temo esto: venga»; lo cual depende, y ésta, en mi sentir, es razón decisiva en favor del carácter relativo de que, de estar el régimen modal de tal suerte vinculado en las palabras relativas, que sin expresarse o suponerse éstas no se comprende esotro.[348]

3.ª El uso de la lengua no permite suponer que en los empleos de que y si de que aquí se va tratando, pertenezcan éstos a la proposición subordinante, toda vez que ocurren encabezando frases exclamatorias e interrogativas directas:[349] «¿Si tendrá buen éxito la empresa?».

> «¡Loca estoy!
> ¿Que a César he de ver hoy?».

> (Calderón, Peor está que estaba, III)

> «A sabor duerme. ¡Y que viva
> Un hombre y parezca muerto!».

> (Tirso de Molina, La Gallega Mari-Hernández, I, 10)

4.ª El oficio de anunciativo de ordinario ha procedido del oficio de relativo, y generalmente vienen a desempeñarlo adverbios causales (verbigracia en sánscrito yat, en latín quod, sobre todo en la decadencia quia, quoniam, quatenus; los dos primeros más a menudo por ser puros casos del relativo), o de modo (verbigracia como,[350] ut,, yáthâ); de suerte que el anunciativo viene a ser un relativo descolorado, digámoslo así, en su significación, mas no en su carácter, como lo prueba, según ya apunté, su influencia en el modo del verbo que le acompaña. La sintaxis histórica prueba sí que la parataxis o yuxtaposición precedió a la hipotaxis o subordinación, así como también que la función de relativo no puede adjudicarse como esencial a ninguna de las

---

348 Véase *Gramática*, número 1226.

349 Véase *Gramática*, número 995.

350 Véase *Gramática*, número 1233.

raíces que la tienen en nuestra familia lingüística. Pero es cierto también que el latín qui aparece desde los tiempos más remotos introduciendo proposiciones subordinadas, cuanto más sus derivados en las lenguas romances. Si esto es así, si la subordinación de que es signo principal el anunciativo que es como ingénita en nuestro castellano, no parece acertado explicarla acudiendo a un procedimiento anterior en todo caso a cuanto sabemos de la lengua madre. Debe tenerse presente que en las lenguas germánicas, de donde parece haberse sacado la teoría del Autor,[351] el anunciativo, de raíz demostrativa, existe también como pronombre relativo, y creo empresa muy difícil el probar que el uso de anunciativo apareció antes del de relativo.[352]

5.ª Las proposiciones introducidas por que admiten en la proposición subordinante un demostrativo, el cual es de ordinario esto; de suerte que no puede decirse que el anunciativo haga sus veces: «Aun esto hay excelente en este viaje, que muy muchas cosas se dan más de las que se piden» (Santa Teresa, Camino de perfección, 38); «Esto sé bien decir, que quedé confusa y pensativa» (Cervantes, *Quijote*, I, 28); «Si ello es verdad que las estrellas y el Sol se mantienen... de las aguas de acá bajo, creo firmemente que las de este río sean en gran parte ocasión de causar la belleza del cielo que le cubre» (idem, Galatea, VI); «Siempre, Sancho, lo he oído decir, que el hacer bien a villanos es echar agua en la mar» (idem, *Quijote*, I, 23); «En esto se diferencia la lucha de la guerra, que en la guerra no siempre andan los hombres al pelo, a tiempos descansan, comen y duermen; sus treguas tienen para descansar, para rehacerse, para recorrer las armas y curar las heridas; pero los que luchan, ningún momento cesan ni descansan, ni para esto se les da lugar de parte del enemigo» (fray Fernando de Zárate, Paciencia cristiana, I, 1): «En esto has mostrado singularmente la dulcedumbre de tu caridad, que cuando yo no era me criaste» (Nieremberg, Imitación de Cristo, III, 10); «Ello es ansí que no hay cosa más rica ni feliz que una buena mujer» (fray Luis de León,

---

351 Varios gramáticos ingleses la han admitido. Véase Goold Brown, The Grammar of English Grammars, pág. 519, Nueva York, 1865.

352 En el Diccionario de Grimm está explicado dass como terminación neutra de der empleado como relativo. Recuérdese que en gótico no tienen los demostrativos valor relativo sino por la circunstancia de ir generalmente acompañados de ei, voz relativa por excelencia.

La perfecta casada, introducción). El mismo demostrativo puede usarse con otras frases relativas.

Nuestro autor señala con la mayor claridad la diferencia que hay entre el anunciativo que y las conjunciones propiamente dichas (y, o, ni, pero), y no es pequeña la que lo separa de los adverbios relativos (cuando, donde, como, aunque, si). En las lenguas romances ha reemplazado en este oficio al quod latino, que los gramáticos miran con razón como acusativo del relativo; éste se adverbializó a la manera de id, quid (id gaudeo, quid ego haec memoro?, hoc est demum quod percrucior), significando en cuanto, por cuanto; de aquí pasó a usarse como signo de una proposición explicativa de un nombre o pronombre anterior, y por fin como signo de una proposición que sirve de sujeto o complemento. Éstos son los hechos que señalan el camino recorrido por quod para llegar al oficio de anunciativo, en que lo ha reemplazado que, y al cual no conviene ninguna denominación de la nomenclatura conocida.

59 (número 329). Todas las ediciones del *Quijote* que tengo a la mano dicen: «Porque ves allí, amigo Sancho Panza, donde se descubren treinta o pocos más desaforados gigantes, con quien pienso hacer batalla» (parte I, 8); y no quienes. El responsable del error es Garcés, de quien Bello tomó la cita; el otro pasaje aducido por el primero sí es exacto, pero se refiere al interrogativo: «En un instante quedaron enteradas de quiénes eran don *Quijote* y su escudero» (Cervantes, *Quijote*, II, 58).

Los ejemplos auténticos más antiguos que tengo anotados de quienes son de Guevara: *Epístolas* familiares, parte I, letra para don Pedro de Acuña (folio 45, Zaragoza, 1543); Césares, prólogo, y Menosprecio..., capítulo X (folio 140, Valladolid, 1545). Los de obras anteriores que cita Gessner (Zeitschrift für romanische Philologie, XVIII, página 453), dejándose llevar de su fe ciega en la Biblioteca de Rivadeneira, son más que dudosos; el de la Celestina (fin del acto XVIII; R. 3, 681) sospecho fue tomado por Amarita de la edición de Venecia, 1553, donde efectivamente se halla, pero no en las anteriores y posteriores que he podido consultar (verbigracia: Venecia, 1534, Amberes, 1539, y 1595, Toledo, 1573, Salamanca, 1590); el de Pulgar, Letras, XIV (R. 13, 481, copiado de la edición de Madrid, 1789, y éste de la de 1775), lleva quien en las de Zamora, 1543, y Alcalá de Henares, 1524, lo mismo que en el razonamiento de la Crónica de los Reyes católicos, capítulo LXXIX, página 1432, Valencia, 1780); el de la Crónica de Juan I no tiene más garantía que la de los editores del siglo pasado, pues el pasaje falta en la edición príncipe de 1495; en el del Poema de Fernán González, 239, el manuscrito dice quien, según lo advierte el señor Carrol Marden en su preciosa edición crítica, página XLV (Baltimore, 1904).

Desde mediados del siglo XVI van menudeando los ejemplos hasta la edad de Cervantes; por ejemplo, Zapata, Carlo famoso, folio 149, v.º (Valencia, 1566); Estella, Vanidad del mundo, parte II, folio 117, v.º (1584, por Manuel de Lyra); Antonio Pérez, Relaciones, página 3 (París, 1598); Pinciano, Pelayo, prólogo y folio 78 (Madrid, 1605); Mariana, *Historia General de España*, I, página 117 (Madrid, 1608); Márquez, El Gobernador cristiano, página 301 (Pamplona, 1615). Jiménez Patón en su gramática (1614) después de advertir que son invariables que y quien, añade que algunos dan plural a éste diciendo «Los hombres o mujeres a quienes conoces». Ambrosio de Salazar en su Espejo general de la *Gramática* (1622) califica todavía de inelegante la inflexión plural; pero cada día va haciéndose más frecuente hasta generalizarse. Sin embargo, aun en escritores de nuestro siglo se halla de cuando en cuando quien como plural: «Ha dado de comer a los pocos o muchos naturales de quien ha tenido necesariamente que valerse» (Larra, Vuelva usted mañana); «Hay entendimientos en quien no cabe un adarme de metafísica» (Menéndez Pelayo, Heterodoxos, tomo III, página 235; item, página 219).

60 (número 347). No faltan ejemplos de el cual en escritos del siglo XIII; verbigracia:

> «Disso: agora veo de plan la medezina
> La qual me dará sana con la graçia divina».
>
> (Berceo, San Millán, 149)

«El guardador que rescebiese en guarda los bienes de algunt huérfano et ficiese facer escriptura pública de quantos eran quando los rescebió, la qual escriptura es llamada en latín inventario, si después...» (Partida III, 18, 120).

«Sacó una eregia que fue llamada del su nombre la eregia de los novaçios, lo qual non fue bien» (*Crónica general*, I, 134; folio 108, Zamora 1541, no en Menéndez Pidal, página 1662).

61 (números 356-360). Asaz desempeña comúnmente el oficio de adverbio: «Sus cuerpos esparcidos por la tierra asemejaban un horrible escuadrón, asaz poderoso para vencer la vanidad de los vanamente confiados» (Melo, Guerra de Cataluña, V); «Todas estas cosas bien consideradas nos declaran asaz qué tan grandes hayan de ser las penas de los malos» (Granada, *Guía* de pecadores, I, 10). El empleo de asaz como adjetivo (asaz estimación, Melo, ibid, III), sobre ser menos común, es contrario a la etimología (ad satis).

Análogo al yaqué, citado por el Autor, es el algo que[353] usado por Cervantes, ora como sustantivo neutro, verbigracia: «Suplico a Vuestra Excelencia mande a mi marido me envíe algún dinerillo, y que sea algo que, porque en la corte son los gastos grandes» (*Quijote*, II, 52; véase además el capítulo V de la misma parte); esto es, cosa de consideración; ora como adverbio: «El rocín del señor Miguel de Cervantes tiene la culpa de esto, porque es algo que pasilargo» (*Persiles*, prólogo).

Ocurre también en Calderón (El secreto a voces, III).

Yaqué se halla también como adjetivo: «Mató a sobrevienta a su tío Flavio Clemente por yaqué sospecha poca que hobo dél» (*Crónica general*, I, 97).

Yacuanto se usaba también adverbialmente, como la mayor parte de los neutros de cantidad: «Los tres caballeros, que se tornaron su paso, eran yacuanto alongados» (Conde Lucanor, II).

Más completa que con otri es la semejanza de nadie con otrie, que ocurre en el Libro de Apolonio:

«Non lo daba a otrie lo que él fer podía»;

(Copla 299)

353...

y aun se conservaba en el siglo XVI (aunque acaso como provincialismo), según se ve en la traducción de Terencio por Pedro Simón Abril (páginas 78, 155; Zaragoza, 1577).

Alguien sale de aliquem como quien de quem. Es de creerse que la acentuación de algo y nadie influyó en alterar la de aquél, pues antiguamente se acentuó alguién, lo mismo que en portugués alguém y en gallego alguén: «Habla poco y bien, tenerte han por alguién» (Refrán en el Comendador Griego).[354]

62 (número 361). Parece que en lo antiguo no estaba circunscrito ciertos y determinados infinitivos el usarse en plural; verbigracia «Es (el amor espiritual) amor sin poco ni mucho de interés propio; todo lo que desea y quiere es ver rica aquella alma de bienes del cielo. Ésta sí es la voluntad, y no estos quereres de por acá desastrados» (Santa Teresa, Camino de perfección, 7).

> «Pues con su morir tan fuerte
> Muchos morires mató,
> Razón es que por tal muerte
> Muchas muertes muera yo».

(Floresta de Böhl de Faber, tomo I, no 15)

63 (número 364). Nonada puede también acompañarse del artículo definido en el mismo sentido que el indefinido: «¿Qué cosa más ajena de razón, que, siendo los hombres tan solícitos en proveerse para todas las nonadas de la vida, ser por otra parte tan insensibles para cosas de tanta importancia?» (Granada, *Guía* de pecadores, I, 10, § 1). «Si en cosas grandes os sirviera, no hiciera caso de las nonadas» (Santa Teresa, Vida, 39).

64 (número 377). El uso corriente, consignado en el Diccionario, es escribir a menudo separadamente. Lo propio sucede con tal vez, que el Autor, siguiendo a Puigblanch, escribe talvez, en una sola palabra, cuando significa quizá, y dividido cuando vale en ciertas ocasiones; verbigracia «Tal vez anda despacio, y tal apriesa» (Cervantes, Viaje del Parnaso, 8).

---

354 Véanse otros ejemplos en mi Diccionario de construcción y régimen.

65 (número 379). Más atrevidas que el recién libres de Cervantes, son las expresiones siguientes: «Gastaba como mayorazgo, y comía como recién heredero» (Estebanillo González, 5).

«Más secreto y recatado
Seré, que un recién ministro».

(Alarcón, Mudarse por mejorarse, II, 7)

«A Benito le sea dado
Un zurrón para su apero,
Que, aunque recién ganadero,
Él tendrá mucho ganado».

(Ledesma, Conceptos espirituales, página 295; Madrid, 1609)

Lo cual me recuerda haber oído decir recién sacerdote por recién ordenado de sacerdote.

66 (número 389). En aqueste, aquese, aquel, la primera sílaba es la partícula indicativa a que aparece en aquí, ahí, allí, allá, atal, atanto; las formas simples corresponden al italiano questo, quello, y se han formado sobre iste, ipse, ille, con el adverbio indicativo eccum, y por elipsis, eccu'iste, eccu'ipse, eccu'ille.

67 (número 392). Abundando en la opinión de don Francisco Merino Ballesteros, creo que en el ejemplo de Iriarte («Si que hay quien tiene la hinchazón por mérito») el si es corroborativo de lo anterior (consúltese todo el pasaje en la fábula XLII), y el que es conjunción causal equivalente de pues, porque (*Gramática*, número 992). Lo mismo digo del lugar de Cervantes, el cual puede verse en el prólogo de las *Novelas* ejemplares.

Fuera del sentido, pruébalo la puntuación, pues en estos casos siempre se pone coma, y aun punto y coma, después del sí, como se halla en las ediciones de Iriarte y Cervantes, y en Quintana. Otra cosa para mí concluyente es la identidad de este giro con aquel en que no tratándose de confirmar lo anterior, sino antes bien de negarlo o corregirlo, se dice no, que; verbigracia:

«El padrón del oprobio allí se mira
Que a dolor congojoso
Incita el pecho y a furor sañudo,
Cuando contempla a la ignominia dado
Tan santo sitio, y al silencio mudo.
¡Mudo silencio! No, que en él aún vive
Su grande habitador; vedle cuán lleno
De generosa ira
Clamando en torno de nosotros gira».

(Quintana, A Juan de padilla)

68 (número 396). Solo adonde puede ir en una sola palabra; las otras
expresiones que el Autor indica (endonde, dedonde, pordonde) se escriben
universalmente separadas, lo mismo que desde donde, hacia donde, hasta
donde, aunque lleven su antecedente expreso: «El lugar hacia donde íba-
mos».

69 (número 408). En el tomo XXXIV, página 475, de la Biblioteca de Rivadeneira aparece este pasaje de El mayor imposible de Lope de Vega así
puntuado:

«Pues haz que en ese jardín
Contigo esta noche cene;
Que yo, después de cenar,
Haré que conmigo juegue
O se entretenga algún rato.
Mientras, levantarte puedes
A hablar con Lisardo».

Como esto contradice la opinión de Bello, que tiene por una novedad en la
lengua el uso absoluto de mientras por entretanto, he consultado la edición
original, y resulta que después de rato hay coma y no punto, y que después
de mientras no hay coma ni nada; por consiguiente, la opinión dicha no

queda invalidada. El mismo editor dio de este modo en su Teatro escogido de fray Gabriel Téllez, tomo XII, página 112, el siguiente lugar de El burlador de Sevilla:

«¿De dónde sois? —De aquellas
Cabañas que miráis del viento heridas
Tan victorioso entre ellas,
Cuyas pobres paredes desparcidas
Caen en pedazos graves,
Dándoles, mientras, nidos a las aves».

En el tomo V de la mencionada Biblioteca, arreglado por el mismo editor, se lee el pasaje en la misma forma, salvo el último verso, que dice:

«Dando en mil grietas nidos a las aves».

El ejemplar más antiguo que he podido consultar es de las piezas sueltas publicadas en Sevilla por la viuda de Francisco de Leefdael, que creo es el reproducido por Ochoa; hallo el pasaje en esta forma:

«¿De dónde sois? —De aquellas
Cabañas que miráis del viento heridas
Tan victoriosas entre ellas,
Cuyas pobres paredes desparcidas
Van en pedazos graves
Dándole mil graznidos a las aves.»[355]

Si este mismo era el texto que tenía a la vista Hartzenbusch, me guardaré de acusarle por haber corregido el *victoriosas* que destruye verso y sentido; pero cualquiera será menos indulgente en cuanto a los dos últimos versos,

355 Hemos puesto aquí *desparcidas* en lugar de *esparcidas* y dándole en lugar de dándoles porque así corrigió Cuervo en su ejemplar de la edición de 1907, en el cual agrega al pie: «Edición de 1630, reproducida en el tomo IX de la Nueva *Biblioteca de autores españoles*, página 647 bis». (Comisión editora. Caracas)

por más que la lección fuese bárbara, pues, tratándose de obra ajena, no es lícito a nadie alterarla a su arbitrio de una edición a otra sin advertirlo. Por esta parte, pues, también queda a salvo la opinión de Bello. Otro caso: en el *Libro de Alexandre* se lee:

> «Fizoles el conducho por tres dias toller
> Por amor que ouiessen mas sabor de comer;
> Fizosse ell mientre enno cuero coser,
> La cara descubierta que podiesse veer».

> (2335)

Lo cojo del penúltimo verso arguye vicio en el texto; afortunadamente la grafía *ell* sugiere que están borradas dos letras en el manuscrito y que ha de leerse *bellamientre*. Este adverbio se halla usado de igual manera en varios códices del *Fuero Juzgo*, libro VIII, título III, I, XIII. El texto del señor Morel-Fatio da *el demjentre*.

Parece que el objeto de esta nota no fuese otro que inspirar compasión en favor del pobre que tenga que estudiar la lengua castellana en semejantes ediciones.[356]

70 (número 419). Etimológicamente está averiguado que el infinitivo latino que pasó a las lenguas romances es el dativo, petrificado, por decirlo así, de un nombre de acción (vivere = sánscrito jiváse); así como en griego es en unos casos el dativo y en otros el locativo. Rastros del valor originario se notan en el infinitivo final (it, mittit videre, dat bibere) y en el histórico, con el cual se da a entender que se procede a ejecutar un acto. De emplearse como complemento circunstancial en sentido final pasó a ser acusativo (volo videre) y nominativo (bonum est legere); a fuerza de usarse como predicado de un nombre en acusativo (audio te dicere = dicentem), este nombre vino a tomarse como sujeto del infinitivo, y la combinación no solo tuvo cabida con verbos intransitivos (auctor sum te profugere) sino que se empleó como sujeto (constat Deum esse). Fuera de esto, perdido el carácter de complemen-

---

356 Véase lo dicho en la nota 141.

to circunstancial, se tomó otra vez como nombre de acción independiente y se acompañó de pronombres y adjetivos (totum hoc philosophari).

El castellano heredó de la lengua madre los más de estos usos, por no decir todos, y los ensanchó considerablemente, como se va a ver:

a. El infinitivo final fue comunísimo hasta el siglo XV: «Exienlo ver mugieres e uarones» (Cid, 15).

b. Del infinitivo histórico no se encuentran sino ejemplos aislados, y por lo mismo es dudoso que se enlace con el uso latino:

> «Todos de buen coraçon eran pora lidiar,
> Nin lanças nin espadas non avyan vagar,
> Retenien los yelmos, las espadas quebrar,
> Feryen en los capyllos, las lorygas falsar».

(Poema de Fernán González, 523)

«Era tanto el alboroto del pueblo, que no se hablaba en otra cosa, y todas condenarme y ir a el provincial y a mi monesterio» (Santa Teresa, Vida, XXX-VI, según el facsímile). Más genial del castellano es emplear en este sentido el infinitivo con a (como me lo hace notar mi amigo el doctor Schuchardt), combinación que corresponde exactamente al infinitivo histórico latino en su valor etimológico: «El barquero me hacía mucha más lástima verle tan fatigado, que no el peligro; nosotras a rezar, todos voces grandes» (Santa Teresa, *Fundaciones*, XXIV); «Preguntábanme algunas cosas, yo respondía con llaneza y descuido; luego les parecía les quería enseñar y que me tenía por sabia; todo iba a mi confesor, porque cierto ellos deseaban mi provecho; él a reñirme» (la misma, Vida, XXVIII); «Como se dejó y quedó ansí, confirmose más ser todo disbarate de mujeres, y a crecer la mormuración sobre mí» (la misma, ahí mismo, XXXIII, según el facsímile).

c. Se usa como acusativo de ciertos verbos como poder, deber, soler:

> «Imos in romería aquel rei adorar
> Que es nacido in tera, no l'podemos fallar.
> Que decides? o ides? a quin ides buscar?

De qual tera venides? o queredes andar?».

(Reyes Magos, 79-82, edición de Hartmann)

d. Va con verbos que llevan un acusativo que viene a ser al mismo tiempo agente del infinitivo: «Te oy decir que cient amigos avias ganado» (Caballero Cifar, V); «A poco de rato vido la nave yr muy lexos» (ibid, XLII). Aquí el castellano se ha apartado resueltamente del latín, pues admitiendo las proposiciones infinitivas, pone el sujeto, no ya en acusativo como en las frases citadas que sirvieron de modelo para la lengua madre, sino en nominativo, conforme lo hace con los modos personales. «El dulce sonido de tu habla, que jamás de mis oídos se cae, me certifica ser tú mi señora Melibea» (Celestina, XII). Lo cual se ha extendido a todos los casos en que el infinitivo lleva sujeto. «Todo lo que dices, Cipión, entiendo, y el decirlo tú y entenderlo yo me causa nueva admiración y nueva maravilla» (Cervantes, Coloquio de los perros).

A estas proposiciones infinitivas se refiere, así en latín como en castellano, el infinitivo exclamatorio: «Véngase Andrés conmigo a mi casa, que yo se los pagaré un real sobre otro. —¡Irme yo con él —dijo el muchacho—, más!» (Cervantes, *Quijote*, I, 4).

> «Aquí debe haber gran mal,
> Traición es esta celada;
> ¡A mí negarme la entrada
> En el aposento real!».

(Lupercio de Argensola, Alejandra, II, 6)

> «¡Ellos creerse poetas, llamarse doctos, e insultar de esa manera
> a los verdaderamente sabios, a su nación, y a mí que los
> he despreciado siempre por no destruirlos!».

(Moratín, Derrota de los pedantes)

e. El infinitivo precedido de preposición, desconocido casi totalmente en latín, proporciona a nuestra lengua medios cómodos de enlazar con variedad y concisión las proposiciones subordinadas. Baste citar las locuciones condicionales formadas con a y las adversativas en que entra con: «A ser yo para saberlo decir, se podía hacer un gran libro de oración» (Santa Teresa, Camino de perfección, XXXVII). «No hay dos ángeles de igual perfección, con ser ellos innumerables» (Granada, Símbolo de la fe, parte I, 3, § 1).

f. Figura en frases interrogativas y relativas: «Lleno de turbación no sabía qué hacerse» (Cervantes, *Novelas*, VII); «Una cosa me queda que demandar» (Valdés, Diálogo de la lengua); «Ni al gastador que gastar, ni al endurador que endurar» (refrán en el mismo).

Esta construcción es efecto de contaminación o fusión de dos frases sinónimas de estructura normal; interrogativas: «No sé cómo hacer eso» proviene de «no sé cómo haga eso» + «no sé hacer eso»; «no sabe qué decir» de «no sabe qué diga» + «no sabe decir nada»; «busca qué comer» de «busca qué coma» + «busca de comer»; relativas: «buscaba algo que comer» de «buscaba algo que comiese» + «buscaba algo de comer»; «halló al fin lugar donde esconderse» de «halló al fin lugar donde se escondiese» + «halló al fin lugar para esconderse»; «una carta me queda que escribir» de «una carta me queda que escriba» + «una carta me queda por escribir», etc. Vese además aquí la facilidad con que en castellano se confunde la estructura interrogativa con la relativa; por esto en muchos casos es dudoso el carácter de la expresión: «El ingenio halla que decir, y el juicio escoge lo mejor de lo que el ingenio halla» (Valdés, Diálogo de la lengua).

> «Ni fallaban en ellos caza,
> Ni fallaban que traer».
>
> (Romance antiguo)

En estos pasajes, según la pronunciación del que, se entenderá que cosas o cosas que. Lo mismo en este otro: «No era otro su pensamiento sino buscar donde bizmarse» (Cervantes, *Quijote*, II, 15). Puede entenderse en qué lugar o lugar en que, aunque más bien lo último. No hay para qué advertir que en latín no se halla rastro de esto.[357]

g. Úsase como nombre de acción igualándose en un todo al sustantivo: «El cobdiciar es pobreza» (Flores de filosofía, I); «El sosiego, el lugar apacible, la amenidad de los campos, la serenidad de los cielos, el murmurar de las fuentes, la quietud del espíritu son grande parte para que las musas más estériles se muestren fecundas» (Cervantes, *Quijote*, I, prólogo).

«Quedé yo triste y solo allí, culpando
Mi temerario osar y desvarío».

(Garcilaso, Égloga II)

«Y ya su amor con tu morir compraste».

(Jáuregui, Aminta, IV)

En virtud de un procedimiento análogo al expuesto en la nota 54, el infinitivo puede tomarse como sustantivo, ya solo, ya acompañado de una modificación adverbial; así en el pasaje siguiente aparecen como sustantivos, primero la combinación siempre temer, y luego idolatrar, lisonjear, pretender, modificados por los adjetivos eterno, diestro, incierto:

«Verás un siempre temer,
Un eterno idolatrar,

---

357 En castellano antiguo es común el giro latino, y aun en Cervantes se halla: «E si non ovieren onde lo paguen, cada uno dellos reciba CL azotes» (Fuero Juzgo, 6, 4, 2). «Non podía aver ninguna cosa que comiese» (Conde Lucanor, 34). «Buscaste corriendo donde te ascondiesses» (Marqués de Santillana). «En estas y otras pláticas les tomó la noche en mitad del camino, sin tener ni descubrir dónde aquella noche se recogiesen» (Cervantes, *Quijote*, I, 19). Pero el giro castellano es muy antiguo: «Toto homine qui calumpia habuerit a pectare a los fiadores et non habuerit unde pectare» (Fuero de Madrid, año 1202). «Non abui unde pectare ipsum furtum» (instrumento de 998, en Escalona, pág. 434). Diez y Rönsch (Itala und Vulgata, pág. 430), citan más ejemplos del latín vulgar.

Un diestro lisonjear
Y un incierto pretender».

(Lope de Vega, El piadoso veneciano, II, 6)

Aplicación de este uso sustantivo parece el empleo del infinitivo como imperativo; en efecto se dice ¡callar!, ¡obedecer!, lo mismo que ¡silencio!, ¡paciencia!, ¡cuidado![358] «Holgar, gallinas, que muerto es el gallo»; «Rehilar, tortero, que el huso es de madero» (refranes en la colección del Marqués de Santillana).

«Obedecer y callemos,
Duque, si no pretendemos
Saberlo en el otro mundo».

(Tirso, La ventura con el nombre, II, 4)

«Ustedes no se rocen con él, no le hablen palabra; huyan, si
pueden, de encontrarle; y por medio de su amigo el
General soliciten lo atrasado; y no ver caras nuevas ni
volver a pisar secretarías».

(Moratín, Obras póstumas, tomo II, página 238)

«Repito lo que dije a ustedes en otra mía: estarse quietas, y basta
lo hecho, y no tentar a la fortuna muchas veces».

(El mismo, ahí mismo)

«¡No lanzan mis navíos
En pos! Armarse, mis fenicios; luego
Remos y velas requerir, y fuego

---

358 Véase Paul, Prinzipien der Sprachgeschichte, pág. 120.

Que incendie atroz.»[359]

(Maury, Dido)

Acaso pudiera también adjudicarse al valor sustantivo el empleo que se hace del infinitivo en frases elípticas semejantes a las que explica el Autor en el número 926 («querían dar los remos al agua, porque velas no las tenían»); «Veréis a unos hombres tan determinados, o por mejor decir tan desalmados, que juran y perjuran que fulano tiene pendencias con fulana, y que éste quiere mal a aquél, y aquél tiene hecha confederación con el otro; y si le conjuran a que diga cómo lo sabe, responde que él, saber, no lo sabe, mas de que muy cierto lo presume». (Guevara, Menosprecio de la corte, prólogo);

> «Llorar, cualquiera llora;
> A más ha de pasar, mi sentimiento»;

(Lupercio de Argensola, Isabela, III, 4)

no obstante, hace dificultad el que no se refiera el pronombre reproductivo al infinitivo, como en las otras frases se refiere al sustantivo: «velas no las tenían».

El artículo y los pronombres que pueden acompañar al infinitivo verdaderamente sustantivado, se le juntan por extensión cuando desempeña funciones verbales. «Alababa en su autor aquel acabar su libro con la promesa de aquella inacabable aventura» (Cervantes, *Quijote*, I, 1).

> «Disimula y ten paciencia,
> Que el mostrarse muy amante

---

359 No se percibe el fundamento con que la Academia limita el infinitivo imperativo a las frases negativas (*Gramática*, pág. 274; edición 1895). Véanse otros ejemplos en frases positivas: Calderón, *El mágico prodigioso*, II (pág. 123, edición de Morel-Fatio); Moratín, *El barón*, II, 8; Meléndez, romances, XV; *Doña Elvira*, I. [Adición manuscrita del mismo Cuervo al ejemplar de su edición de 1907, al margen: «Arcipreste de Talavera, pág. 216»]. (Comisión editora. Caracas)

Antes daña que aprovecha».

(Alarcón, *La verdad sospechosa*, I, 8)

Esto mismo se observa en griego, y es singular que en nuestra lengua el artículo ha pasado de las proposiciones infinitivas a las indicativas y subjuntivas: «Parecieron estas condiciones duras; ni valió para hacerlas aceptar, el que Colón propusiese contribuir con la octava parte de los gastos» (véase *Gramática*, número 319). Aquí el artículo que precede a que es el que iría con el infinitivo: el proponer Colón.

El infinitivo, en cuanto nombre de acción, no es de suyo ni activo ni pasivo; el contexto determina su sentido. No obstante, como en castellano el infinitivo lleva tan a menudo sujeto o refleja el del verbo principal, ha predominado en el empleo sustantivo el valor activo, por lo cual se extraña el pasivo en pasajes como los siguientes: «Al destetar suelen morir algunos niños» (Ávila, Tratado del Espíritu Santo, IV); «Creo que están sentenciados a degollar en la corte» (Cervantes, *Persiles*, III, 11). El uso no consiente de grado el infinitivo en este sentido sino en ciertos complementos formados con las preposiciones de, para y por: «Por esta causa dijo el mesmo Cicerón que no había artífice más dificultoso de hallar que un perfecto orador» (Huarte, Examen de ingenios, XII). «Dio con él en tierra, y revolviéndose por los demás, era cosa de ver con la presteza que los acometía y desbarataba» (Cervantes, *Quijote*, I, 19). «¿Quieres no cometer pecado mortal, cosa tan para desear?» (Ávila, Eucaristía, XIX). «Una sola de ellas es más valerosa que todos los cuerpos del mundo criados y por criar» (el mismo, ahí mismo, XIII). Sin embargo, como lo nota Bello (*Gramática*, número 1105), se usa también la pasiva es de saberse, libro digno de leerse. Así que nuestra lengua reúne las dos construcciones, con la forma pasiva, que es la única admisible en latín (legi dignus), y con la activa, que prefiere el griego ().

Ha parecido preciso hacer esta enumeración sumaria de los principales usos del infinitivo latino y castellano, para mostrar cuán poco acertado es el procedimiento de algunos gramáticos (y en este caso, de nuestro Autor) que escogen las expresiones más sencillas para convertirlas en fórmulas únicas sobre las cuales fundan una doctrina. Bonum est legere no comprende ni con mucho todas las aplicaciones del infinitivo latino, cuanto menos bueno es leer las del castellano. Me parece que Bello, obedeciendo a un rigorismo de clasificación rara vez aplicable al lenguaje, no ha reparado en que esta inflexión es de aquellas que, apartándose poco a poco de su valor originario, ofrecen en todo el camino recorrido ejemplo visible del conflicto tan frecuente en la historia de las lenguas entre la forma y el sentido, a causa del cual ora predomina el uno, ora el otro, sin que sea posible reducir todas las gradaciones a un solo tipo. No resignándose a hacer lo único que en casos semejantes puede hacer el gramático, que es exponer y explicar sencillamente las diversas fases, ha calificado de sustantivo al infinitivo, mirando solamente a la forma (que no es el criterio que él adopta para la clasificación de las partes de la oración), y desatendiendo sus funciones, le ha negado el carácter de verbo, mediante consideraciones no del todo concluyentes.

La comparación con los sustantivos abstractos, admisible hasta cierto punto en la frase «Bueno es leer», es inaceptable cuando el infinitivo lleva sujeto: temer yo es tan concreto como yo temo. Es de advertir que aun en combinaciones en que el uso de la lengua no permite expresar el sujeto, como en «No puedo salir», el mero hecho de admitir pronombres reflejos y predicados (no puedo mojarme, más vale soltero andar que mal casar), es ya argumento de que la acción denotada por el infinitivo no se considera como independiente de todo agente. Y no es esto solo: aun cuando pudiera sustituirse al infinitivo un nombre de acción ordinario, no siempre el sentido es idéntico. Se dice «No le conviene jugar» o «No le conviene el juego»; pero el infinitivo refleja precisamente un nombre que acompaña al verbo anterior, ora sea sujeto o no, lo que no sucede con el sustantivo; así, si de un niño enfermo digo que no le conviene jugar, se entiende que no ha de jugar él mismo; mas si pongo que no le conviene el juego, puede ser el de él mismo o el de otros. De aquí proviene que el infinitivo, aun cuando esté sustantivado del todo, como si conservara rastros de la vida verbal, es más animado y expresivo que los sustantivos de significación parecida, dejándose ver que no ha vuelto a su olvidado carácter de sustantivo independiente, sino después de haber servido por mucho tiempo para significar concretamente las acciones de los seres.[360] Obsérvese la diferencia en los pasajes siguientes, que tienen infinitivos y sustantivos: «¿Pues qué cuando se humillan a componer un género de verso que en Candaya se usaba entonces, a quien ellos llamaban seguidillas? Allí era el brincar de las almas, el retozar de la risa, el desasosiego de los cuerpos, y finalmente el azogue de todos los sentidos» (Cervantes, *Quijote*, II, 28). «Luz fue tu nacimiento, luz tu circuncisión, tu huir a Egipto, tu desechar honras» (Ávila, Eucaristía, XII).

Alégase que en esta oración: «Informado el general de estar ya a poca distancia los enemigos, mandó reforzar las avanzadas», estar es atributo de su peculiar sujeto (los enemigos) y no precisamente del sujeto de la proposición; pero lo mismo sucede con todo verbo de proposición subordinada, pues las de esta especie son lógicamente parte integrante de otra proposición, y en ellas el verbo, por de contado, es atributo de su propio sujeto y no del de la subordinante. Además, no comprendo cómo pueda suponerse que haya combinación de palabras en que se reconozca a una de éstas por atributo, a otra por sujeto, y con todo eso se niegue a la primera de las dos el carácter de verbo, y al conjunto el nombre de proposición.

Al decir que el infinitivo hace todos los oficios del sustantivo, se olvida que cuando tiene carácter verbal, no es él solo el que hace los oficios de sustantivo, sino la proposición que él forma: «Avisose estar cerca los enemigos»; «Avisose que estaban cerca los enemigos»; «Avisose dónde estaban los enemigos»; en estas oraciones, ¿cuál es el sujeto: estar, estaban, o las proposiciones íntegras que éstos contribuyen a formar? ¿Cuál es la cosa avisada: el estar, el estaban; o estar cerca los enemigos, que estaban cerca los enemigos, dónde estaban los enemigos? La respuesta es obvia. No niego que el infinitivo, originariamente nombre, conserve, al desempeñar oficio de verbo, su prístina forma; y precisamente por eso, cuando entra a componer proposiciones, éstas son diferentes de las comunes en su enlace y en la manera de regirse por otras. Aquí, pues, cumple al gramático, no negar la existencia, que es patente, de ciertas proposiciones, por el hecho de no parecerse a las demás, sino formar con ellas una especie separada y dar las reglas que les conciernen.

---

360 Véase Paul, Principien der Sprachgeschichte, pág. 339, 3.ª edic., Halle, 1898.

Tampoco tiene mucha fuerza la afirmación de que el infinitivo no puede graduarse de verbo, por no indicar tiempo con respecto al acto de la palabra, cosa que se dice es esencial al verbo castellano. Baste recordar que en caso parecido se halla el pos-pretérito, y sin embargo nadie le niega el carácter y nombre de verbo: «Dijo que vendría ayer»; «Dijo que vendría ahora», «Dijo que vendría mañana».

71 (número 438). Ingeniosa a todas luces es la explicación que da el Autor del participio que con haber forma los tiempos compuestos; en pugnatum est, arguye él, se subentiende según Prisciano el nominativo pugnare, luego en habeo pugnatum se subentenderá el acusativo pugnare y en habeo dictum el acusativo dicere; de modo que el participio se refiere siempre a este infinitivo tácito. Por mi parte añadiré que hay locuciones en que efectivamente el participio acompaña a un verbo refiriéndose al sustantivo que denota la acción del mismo verbo o la cosa sobre que ella naturalmente se ejerce: mirar dormido (Lope) es sin duda mirar un mirar dormido, calzar ajustado es calzar calzado ajustado. No obstante, es difícil conceder que semejante explicación se apoye en la historia de nuestras expresiones temporales he escrito, he peleado, según el Autor mismo la expone en los números 434 y siguientes. Es bien sabido que esta combinación tuvo su origen en los verbos transitivos acompañados de un acusativo, y es visto además que cuando los verdaderamente tales se usan en absoluto, no se ofrece al entendimiento como término de su acción la acción misma, sino aquellos objetos en que de ordinario se ejerce; cuando decimos: «El que busca, halla», nadie entiende busca el buscar, halla el hallar, sino busca alguna cosa, halla alguna cosa; y por consiguiente es inconcebible que en he buscado a Dios se envuelvan estos elementos: he buscado el buscar a Dios. Admitida la explicación del Autor, deberá también forzosamente admitirse que habiendo tenido su origen en los verbos intransitivos la combinación de haber con el participio, se extendió con idéntico valor a los transitivos, cosa de todo punto inexacta.[361]

---

361 Es fuera de toda duda que en latín no se dijo ittur, pugnatur, itum est, pugnatum est, sino por analogía con dicitur, traditur, dictum est, traditum est, es decir, que la pasiva impersonal de los intransitivos es posterior a la pasiva de los transitivos; siendo esto así, la explicación de Prisciano sería mera conjetura gramatical, como la de nuestro Autor, pero no probanza que sirviese de base para una doctrina científica. Véase *Gramática*, número 1116, nota.

En latín este participio se refería al acusativo de habere y concordaba con él: illa omnia missa habeo. Esta concordancia la ha conservado el italiano diciendo ho ricevute le lettere, le lettere che ho ricevute, pero admite el participio invariable cuando va después el acusativo: ho ricevuto le lettere. El francés antiguo y el provenzal preferían la concordancia, sobre todo precediendo el acusativo; el francés moderno la ha limitado a este caso, mas solo en el lenguaje literario, pues el vulgo hace a cada paso invariable el participio. El castellano antiguo se conformaba con las lenguas hermanas, pero poco a poco se fue apartando de ellas hasta el punto de que en el siglo XVI no quedan ni rastros de la construcción originaria. En portugués duró algo más, sin duda por emplearse como auxiliar ter, tener. El valaco no solo hace invariable el participio, sino que aglutina el auxiliar, como lo hacemos en el futuro: am ecris o ecrisam, au vezut o vezutau. De una manera parecida se posponía enfáticamente en castellano el auxiliar: «Hallado ha Sancho su rocín»; «Hallado habéis la gritadera» (expresiones proverbiales en la colección del Marqués de Santillana); «Este hombre blasfemado ha, que se ha hecho hijo de Dios» (Ávila, Tratado del Espíritu Santo, II); e intercalando el pronombre como se hacía entre los dos elementos del futuro: «Hermanos, juntándoos heis a oír y hablar del Espíritu Santo» (Ávila, ubi supra, IV); «Desarmádose ha la ballesta, y herídome ha el corazón» (el mismo, Tratado de la Eucaristía, I); «Perseguídome han encantadores, encantadores me persiguen, y encantadores me perseguirán hasta dar conmigo y con mis altas caballerías en el profundo abismo del olvido» (Cervantes, *Quijote*, II, 32).

Tenemos, pues, aquí una combinación cuyos elementos al fundirse en unidad ideológica para entrar en el paradigma de la conjugación, han ido desvaneciéndose paulatinamente: el uno, haber, va perdiendo su sentido concreto de tener, hasta convertirse en mero signo formal sin más valor que tendría un sufijo; el otro, el participio, emancipándose del sustantivo, representa tan solo la raíz verbal, pero no como quiera sino con la modificación temporal que tiene en su origen, tal que podría compararse a la raíz de los tiempos perfectos griegos o latinos. Escrito he corresponde a, scrips-i.

Una vez que en castellano y en portugués esta trasformación ha sido completa, es natural que se haya generalizado. En los tiempos anteclásicos muchos verbos intransitivos se conjugaban con ser, lo mismo que en italiano, francés y provenzal; decíase es nacido, es muerto, es partido, a semejanza de los deponentes latinos natus est, mortuus est, profectus est, cosa naturalísima pues estos verbos no podían tener participio pasivo, que es el que acompaña a haber. Hoy la combinación más común ha vencido, y para los tiempos compuestos no hay otro auxiliar que haber.

Otra observación para terminar: si en nuestra conjugación los dos términos que, rota la sintaxis normal, forman los tiempos compuestos, constituyen un solo signo ideológico ni más ni menos que las inflexiones simples, parece natural que, al perderse su individualidad, también se haya dislocado su categoría gramatical. En amaré, amaría no se puede decir que amar sea todavía infinitivo, ni verbo, ni sustantivo, pues sería como afirmar lo mismo de ama en el latín amabo = ama + fuo (, bhu). Por esta razón no parece acertado calificar de sustantivo o de sustantivado al participio de he escrito; bastaría indicar el hecho llamándole invariable, y describir los pasos por donde ha llegado a serlo.[362]

72 (número 442). Examinados con atención los varios aspectos que según la práctica de los buenos escritores ofrece nuestro gerundio, apenas puede creerse que sea en todos mera modificación de solo el ablativo del gerundio latino; no obstante, nada hay más cierto. Para mayor esclarecimiento del nuestro apuntaré, lo más brevemente posible, sus orígenes latinos; en lo cual, al paso que se probará la necesidad de reconocerle varios caracteres, se ejemplificará de nuevo la fuerza vital del lenguaje, mediante la cual un vocablo se aleja de su valor primario y se ramifica.

El gerundio latino es la terminación neutra sustantivada del participio en dus, y se usa para reemplazar al infinitivo en el genitivo, dativo, acusativo con preposición, y ablativo con preposición o sin ella.

En ablativo significa, como es natural, medio o manera: «Movit Amphion lapides canendo» (Horacio, Carmina, III, 11); «Anfión las piedras con su voz movía» (Burgos). En este sentido es comunísimo en castellano: «Todos los

---

362 Nebrija hace de este participio una parte de la oración separada, «por la manera de significar que tiene muy distinta» de las otras, y la llama «nombre participial infinito: nombre, porque significa substancia y no tiene tiempos; participial, porque es semejante al participio del tiempo pasada; infinito, porque no tiene géneros, ni números, ni casos, ni personas determinadas».

reinos fueron pequeños en sus principios; después crecieron conquistando y manteniendo» (Saavedra, Empresa, XCVII).

Como en casos semejantes al ejemplo de Horacio la acción del gerundio pertenece al sujeto de la proposición, y al propio tiempo denota modo o manera, vino a asemejarse al participio de tal suerte que podían usarse casi promiscuamente; así en este pasaje de Livio: «L. Cornelius Maluginensis, simulando curam bella, fratrem collegasque ejus tuebatur» (III, 40), podría ponerse el participio, calcando la frase sobre ésta de Cicerón: «Aer tum concretus, in nubes cogitur, humoremque colligens terram auget imbribus, tum effluens huc et illuc, ventos efficit» (De Natura Deorum, II, 39); pues, como se ve, el participio se presta de grado a expresar el medio. Añádase a esto, que el carácter adverbial del gerundio ablativo, en virtud del cual se allega íntimamente al verbo, le trae a darse la mano con el participio, que usado como predicado, viene a encontrarse en las mismas circunstancias.

Y no era esto solo; acercábase al gerundio el sujeto de la frase o una palabra que lo representara, con lo cual se estrechaba más la conexión entre los dos; como en estos otros lugares del mismo Livio, citados por Riemann: «Quibus dum locum ad evadendas angustias, cogendo ipse agmen praebet» (XXXIX, 49); «Id consules, ambos ad exercitum morando, quaesisse» (XXII, 34).

Abierta esta entrada, muy poco había que andar para que el gerundio ablativo usurpase otras funciones del participio, como en efecto sucedió en la baja latinidad, en que llegó a expresar mera coexistencia de tiempo:

> «Si nocte inspiciat hanc praetereundo viator,
> Et terran stellas credit habere suas.»[363]

---

363 Véase Rönsch, Itala und Vulgata, pág. 432. He aquí ejemplos de la edad media española: «Sacpissime vero accedit, ut orando sive psallendo, ignitum vehementer eloquium Dei sentiens, repente totus ignescat» (Herberto, año 1178, Esp. Sagr., 16, 418). «Et si isti populatores invenerint aliquem hominem in suo horto aut in sua vinea faciendo ei damnum...» (Fueros de San Vicente de Sosierra, año 1172. Llorente, Prov. Vasc., 4, 207). «Iste habuit guerram cum cognato suo Rege Magno Fernando, et intefectus est ab illo in Tamara preliando» (Epitafio de Vermudo III, año 1037, Esp. Sagr., 14, 476). «Fortunio, sciendum quod

(Venantius Fortunatus, Opusc., libro III)

Admitido el gerundio como participio activo, en calidad de predicado del sujeto, no hubo dificultad alguna para usarlo con referencia al acusativo: «lo encontré cantando»; dado que ocupaba con respecto al verbo la misma posición, y tomaba de él la misma vida que en el otro caso.

Según queda indicado, la acción del gerundio corresponde ordinariamente al sujeto del verbo con que se junta; no obstante, es en latín frecuente el que se usa con cierta independencia y refiriéndose a un sujeto, o indeterminado («Frigidus in gratis cantando [si quis cantet] rumpitur anguis», Virgilio, Bucólicas, VIII, 71), o que se colige de lo precedente, como en este otro lugar del mismo Virgilio:

«Tauros procul atque in sola relegant
Pascua, post montem oppositum, et trans flumina lata,
Aut intus clausos satura ad praesepia servant.
Carpit enim viris paulatim uritque videndo
Femina, nec nemorum patitur meminisse nec herbae,
Dulcibus illa quidem inlecebris, et saepe superbos
Cornibus inter se subigit decernere amantis».

(Geórgicas, III, 212-218)

Videndo, lo mismo que si tauri videant. En las lenguas romances vino a ser completa esta independencia, pues que no solo se emancipó el gerundio del sujeto del verbo de la frase, sino que lo tomó expreso por su cuenta, y tal es, si no me engaño, el origen de nuestras cláusulas absolutas, en las cuales el gerundio ha asumido también el verdadero carácter de participio activo.

Por estos pasos ha venido el gerundio a asumir carácter participial; pero a causa de su origen adverbial y de la relación que guarda con el verbo a virtud de la tradición sintáctica, no es tan lato en su uso como los participios de

---

in Concilio deliberatum fuit de meo dato judicio confirmat» (Escritura del año 878, Esp. Sagr., 16, 426).

griegos y latinos, pues que rechaza el apegarse al sustantivo especificándolo, y cuando lo explica o lo lleva por sujeto, siempre la frase en que figura se refiere al verbo de la sentencia a manera de modificación adverbial. En este concepto la doctrina de Bello, aunque estrecha, es luminosa para el recto uso de este verbal.

Suele el gerundio ablativo latino juntarse con la preposición in, la cual entonces significa duración, «mientras Fit ut distrahatur in deliberando animus» (Cicerón, De Officius, I, 3, 9),[364] uso que con corta variación se ha conservado en francés: «Trois insupportables tyrans, dont le triumvirat et les proscriptions font encore horreur en les lisant» (Bossuet, Discurso sobre la Historia Universal, parte I, IX). Fue muy común en castellano, por lo menos hasta el siglo XV;[365] pero después ha experimentado una modificación muy notable, y es que denota hoy, no ya coexistencia de tiempo, sino inmediata anterioridad, según vemos en este lugar de Mariana: «En fin del otoño se volvió el rey a Sevilla con intento de, en pasando el invierno, juntar una grande flota y hacer la guerra por el mar» (*Historia General de España*, XVIII, 2). Cuanto a llevar sujeto, hubo de procederse por un trámite análogo al que observamos en el infinitivo, con el cual no vacilo en identificarlo en este caso; y sospecho debió comenzar esta práctica en la baja latinidad, de suerte que en el primer versículo del salmo 125, que según la Vulgata dice: «In convertendo

---

364 Véanse más ejemplos en Freund, WB, s. v. in, I, B. d; Hand, Tursellinus, s. v. in, II, 6; cf. ib. I, 43.

365 Ejemplos: Siglo XV: «En yendo por el camino adelante vino a la gente un gentil ome inglés» (Crónica de Pedro Niño, pág. 159). «Mandolo matar su muy amado e muy obedescido señor el Rey, el cual en lo mandando matar, se puede con verdad decir se mató a sí mismo» (Crónica de don Álvaro de Luna, tít. 128). «Dixeles en respondiendo» (Marqués de Santillana, Obras, pág. 366). Siglo XIV: «Aunque faga el viento en buscando, no les empece» (*Libro de la Montería*, I, 7). «Dale allí grandes voces en andando en derredor dél» (López de Ayala, Libro de la *Caza de las aves*, 8). «Cualquier que matare a otro, aunque lo mate en pelea, que muera por ello, salvo si lo matare en defendiéndose» (*Ordenamiento de Alcalá*, 22, 2). Siglo XIII: «Si oviere el rey fijos de ganancia, aquel quel matare e guerra o en defendiéndose, es tanto como si matare al mayor rico ome del regno» (Espéculo, 2, 4, 7). Omito citar más ejemplos de otros códigos de esta época, por haberlo hecho copiosamente don León Galindo y de Vera en su Memoria sobre el progreso y vicisitudes del idioma castellano en nuestros códigos legales, Madrid, 1863.

Dominus captivitatem Sion, facti sumus sicut consolati», más bien que un hebraísmo o imitación de la frase griega de los Setenta,[366] veo la aplicación de un giro vulgar para verter otro semejante del original. La variación en cuanto al tiempo no debe causar sorpresa, pues la preposición en se ha prestado en otras ocasiones al mismo cambio, por una naturalísima exageración que consiste en dar a entender lo muy corto del intervalo que separa dos acciones pintándolas como coexistentes. La frase relativa en cuanto, por ejemplo, que fue primitivamente signo de coexistencia, lo es hoy de anterioridad;[367] y creo que con un poco de atención se perciben vislumbres de la misma metamorfosis en la combinación del infinitivo con la dicha partícula, según lo muestran los siguientes ejemplos:

> «En ver mis tristes cuidados
> Los nobles cuatro elementos
> Con tormentos
> Todos serán ponzoñados».

> (Farsas y églogas de Lucas Fernández, página 69, edición
> Acad.)

> «Junto al agua se ponía
> Y las ondas aguardaba,
> Y en verlas llegar huía;
> Pero a veces no podía
> Y el blanco pie se mojaba».

> (Gil Polo, Diana, III)

En el lenguaje familiar nada más frecuente que, «En el momento, en el instante que me vio, echó a correr»; «Verme y echar a correr, todo fue uno».

---

366 Consúltense las Introducciones de Antonio de Lebrija, lib. IV, cap. IX.
367 Véanse mis Apuntaciones críticas, § 336.

Aparece, pues, que el gerundio tiene hoy un carácter muy indeciso, pues si en unos casos semeja adverbio por su íntima conexión con el verbo y por su significado de modo, manera, etc., en otros va tan unido con el sustantivo denotando una acción de éste y corresponde tan exactamente al participio activo de otras lenguas, que creo no se le puede negar el nombre de tal. Añádase a esto que a veces es puro adverbio, como en «Viene la muerte tan callando», y a veces puro adjetivo como en «Un caldero de agua hirviendo», y que combinado con en, aunque originariamente es sustantivo, tiende a asimilarse al participio como si no existiera tal partícula. De modo que si en el infinitivo vimos un sustantivo que gradualmente se trueca en verbo, aquí vemos la metamorfosis todavía más complicada de un participio que se sustantiva para ser nombre de acción, sustantivado toma fuerza adverbial mediante la desinencia ablativa, por su contacto con el verbo resucita a significar acción verbal, hasta volver a su oficio de participio y entrar en los confines del adjetivo.

El siguiente extracto del erudito y científico Tratado del Participio de mi amigo el señor Caro, pondrá a la vista los casos generales en que tiene cabida el gerundio, y confirmará lo dicho arriba, para lo cual me he aprovechado también de aquella excelente disertación.

Nuestra forma verbal amando ejerce como principal y más general oficio, el de participio activo, y los casos en que desempeña este oficio pueden reducirse a cuatro:

1.º Cuando el participio forma parte del sujeto de una proposición, explicándole: «El ama, imaginando que de aquella consulta había de salir la resolución de la tercera salida, toda llena de congoja y pesadumbre se fue a buscar al bachiller Sansón Carrasco» (Cervantes). En esta proposición el sujeto consta, en primer lugar del sustantivo el ama, y en segundo lugar de la frase adjetiva acarreada por el participio: imaginando que de aquella consulta, etc.; frase explicativa, pues no se trata de particularizar el ama de que se va hablando, a la cual el lector conoce. Pero es incorrecto este otro pasaje por ser especificativo el participio: «Este animal que llamamos hombre, previsor, sagaz, dotado de tantas facultades, teniendo el espíritu lleno de razón y sabiduría, ha sido de una manera inefable y magnífica engendrado por Dios».

El participio no puede ir refiriéndose al predicado, por lo cual es impropio su uso en este pasaje: «La Religión es Dios mismo hablando y moviéndose en la humanidad».

Como reducibles a la misma categoría deben mirarse ciertas proposiciones que no representan un juicio perfecto sino una percepción compleja, y que por esta razón admiten un participio o bien un adjetivo asimilado a participio, en lugar del verbo. Así el que inopinadamente ve que el fuego ha prendido en un edificio, antes de perfeccionar su juicio exclama: «¡Una casa ardiendo!». Y lo mismo cuando se aplica figuradamente el mismo giro para representar una cosa al vivo y ponerla, por decirlo así, a los ojos del lector o el espectador, como si se intitula una fábula Las ranas pidiendo rey, o se inscribe en un cuadro: Napoleón pasando los Alpes. Este mismo giro es inaplicable a títulos de leyes o decretos, por cuanto no se representan las leyes a la imaginación en una especie de movimiento indefinido, y peca entonces contra la regla de que el participio ha de ser explicativo cuando se junta con el sujeto.

2.º Amando, en su calidad de participio activo, sirve en segundo lugar para formar tiempos compuestos en unión de un verbo que accidentalmente tome carácter de auxiliar, cuales son estar, andar, venir y algunos otros; combinaciones en que, quedándole al verbo solo una significación genérica y asumiéndola específica el participio, se forma de los dos una serie de tiempos compuestos en que el participio hace el principal papel, y que por esta razón puede considerarse como una rama de la conjugación del verbo de que sale el participio; así yo estoy pensando, más denota la idea de pensar que la de estar; y es como una forma enfática de pienso: «Don *Quijote*, que se vio libre, acudió a subir sobre el cabrero, el cual, lleno de sangre el rostro, molido a coces de Sancho, andaba buscando a gatas algún cuchillo de la mesa para hacer alguna sanguinolenta venganza» (Cervantes); el circunloquio andaba buscando dice mucho más que diría la forma simple buscaba.

3.º Entra como participio activo refiriéndose al complemento acusativo, pero solo cuando el gerundio denota una actitud que se toma, una operación que se está ejerciendo o un movimiento que se ejecuta ocasionalmente en la época señalada por el verbo principal; condiciones que fijan perfectamente la diferencia entre aquella construcción justamente censurada por Salvá y por Bello: «Envío una caja conteniendo libros», y esta otra que es correcta: «Vi a una muchacha cogiendo manzanas». En ambos casos el participio se agrega al complemento acusativo, que en el primer ejemplo es caja y en el segundo muchacha; pero allá no se trata de una operación o actitud ocasional; lo contrario sucede acá, donde el coger las manzanas es acción que se ejecuta actualmente a tiempo que es vista quien las coge.[368]

La mayoría de los verbos que rigen participio objetivo significan actos de percepción o comprensión, como sentir, ver, oír, observar, distinguir, hallar, o de representación, como pintar, grabar, representar, etc.

El participio activo no tiene cabida con sustantivo alguno que forme complemento que no sea acusativo; por eso es incorrecto este pasaje: «Oirá la voz del héroe admirándonos con su fortaleza, del sabio predicando la verdad, y la del siervo de Dios acusando nuestra tibieza»; porque los sustantivos héroe, sabio y siervo a que se refieren admirando, predicando y acusando, no son complementos acusativos. Sin embargo sería demasiado rigor condenar este pasaje de Cervantes: «En un instante se coronaron todos los corredores del patio de criados y criadas de aquellos señores, diciendo a grandes voces: Bien sea venido la flor y la nata de los caballeros andantes» (*Quijote*, II, 31).

El uso de antiguos y modernos exceptúa de esta regla los participios ardiendo e hirviendo, que se pueden juntar con el sustantivo cualquiera que sea su oficio: «Echó a su hijo en un horno ardiendo» (Rivadeneira).

4.º En cláusulas absolutas; verbigracia:

> «Semejaba, depuesto el blanco lino,
>   Revolando las blondas
> Madejas por el cuello alabastrino,
>   La hija de las ondas».
>
> (Bello)

---

368 En la explicación de este caso me he apartado un poco del señor Caro, y además he tenido presente la doctrina del docto literato mexicano don Rafael Ángel de la Peña en su luminoso y erudito Tratado del Gerundio (México, 1889).

Pasaje en que ocurren dos cláusulas absolutas: la primera, depuesto el blanco lino, con el participio pasivo depuesto; y la segunda, revolando las blondas madejas por el cuello alabastrino, con el participio activo.

Sobre el uso del participio activo en este caso, debe tenerse presente:

a. Lo mismo que en las demás cláusulas absolutas, el participio debe ir antes que el nombre a que se refiere: «revolando las blondas madejas».

b. Cuando la cláusula absoluta se toma en sentido pasivo absoluto, es decir, cuando al que habla no ocurre sujeto oportuno que aplicarle, en este caso y siendo transitivo o neutro el verbo de donde sale el participio, éste debe tomar el enclítico se, como lo tomaría el mismo verbo en una forma personal (esto es, formando una proposición cuasi-refleja regular o irregular); verbigracia: «Especulaciones demasiado abstractas para lectores imberbes las habrá, sin duda, en esta *Gramática*; ni era fácil evitarlas tratándose de rastrear el hilo a veces sutilísimo de las analogías que en algunos puntos dirigen el uso de la lengua» (Bello). Aquí sería incorrecto tratando, porque al variar la construcción diríamos: «Ni era fácil evitarlas cuando se trata o se trataba de rastrear el hilo, etc.». Permítese, sin embargo, la omisión del se cuando el participio que debía llevarlo se construye con una frase que lo lleva; verbigracia: «En sabiendo lo que es imposibilidad, se sabe lo que es posibilidad» (Balmes).[369]

c. La cláusula absoluta, fuera de significar mera coexistencia, verbigracia «Envió un ballestero de maza al Rey de Aragón a quejarse porque le había rompido malamente la tregua, y, faltando a su verdad, hacía que sus gentes le entrasen en su tierra, estando él descuidado y desapercibido con la seguridad de su palabra» (Mariana, *Historia General de España*, XXII, 2), se presta a significar: 1.º Causa o razón, verbigracia: «Andando los caballeros lo más de su vida por florestas y despoblados, su más ordinaria comida sería de viandas rústicas»; 2.º Modo, verbigracia: «'Conmigo' es un accidente de 'mí', una forma particular que toma el caso 'mí' cuando se le junta la preposición 'con', componiendo las dos palabras una sola» (Bello); 3.º Condición, verbi-

---

369 También es de uso corriente el gerundio sin el enclítico se en frases que se emplean para señalar la situación de las cosas: «Llegué con Quillarte, mi criado, a un lugar que se llama Acquapendente, que viniendo de Roma a Florencia, es el último que tiene el Papa» (Cervantes, La española inglesa). Véanse mis Apuntaciones críticas, § 298.

gracia: «Determinado ya el Emperador de recibir a Berenguer de Entenza, le envió a llamar muchas veces, y para asegurarle le envió sus patentes con sellos pendientes de oro, en que le prometía con juramento que, queriéndose quedar, le trataría con buena voluntad» (Moncada); 4.º Oposición, verbigracia:

> «¡Hermoso edificio! —En él
> Es la materia lo menos,
> Siendo preciosa».

> (Solís, Triunfos de amor y fortuna, II)

Fuera de estas circunstancias es inoportuno e incorrecto el uso del participio en cláusula absoluta, como en este pasaje: «¿Quién creerá que en la misma obra en que se dan lecciones que son de bulto para cualquiera racional que tenga ojos u orejas, se cometen iguales faltas, no alcanzando la paciencia para contarlas?».

Explicados ya todos los usos del verbal en ando, endo, como participio activo, resta hablar del caso en que es adverbio, lo cual sucede cuando se adhiere a un verbo denotando el modo de ejecutarse la acción, como en «Paseaba galopando», «No le hables gritando». Pero aun aquí no pierde completamente su carácter verbal, como que conserva el régimen del verbo de donde sale; y acaso no es completa la transformación sino en unos pocos como corriendo, volando, callando, burlando.

73 (número 470). No solo en castellano se ha conservado el futuro del subjuntivo hipotético; existe también en portugués y en valaco.

74 (número 479). Sobre la ortografía pordonde, véase la nota 68.

75 (número 497). Otras variaciones puramente ortográficas son el cambio de la g en j en verbos como fingir, de donde sale finjo, finja, y el empleo de la diéresis en averigüe de averiguar.

76 (número 502). Para que mejor se entienda el mecanismo de nuestra conjugación y la razón de los cambios llamados ordinariamente irregularidades y que en realidad no son sino aplicación de otras reglas menos conocidas, es

oportuno presentarlos como resultado de principios que rigen nuestra lengua aplicándose igualmente a nombres, verbos y partículas.

I. Es cosa conocida la diptongación de las vocales e, o bajo la influencia del acento, pero no es igualmente sabido el fundamento etimológico de este hecho. El testimonio de los gramáticos antiguos comprueba que las vocales breves tenían un sonido más claro o, para hablar con los gramáticos franceses, más abierto, y las largas uno más oscuro o cerrado; al debilitarse la distinción de largas y breves, el latín vulgar conservó la de abiertas y cerradas. Las últimas son las que más firmemente han persistido en las lenguas romances, al paso que las abiertas han padecido graves modificaciones entre las cuales se cuenta la diptongación de las vocales e, o. Así, un motivo idéntico ha producido miedo de mtus, diez de dcem, quien de qum, bien de bne, y siega de scat, tiene de tnet, hiere de frit; juego de icus, nuevo de nvus, luego de lco, y ruega de rgat, cuece de cquit, muere de mritur.

También nos enseñan los gramáticos latinos, que una sílaba larga por posición[370] podía contener una vocal breve; como sucede en tntat que conserva la misma vocal breve de tnet, y cmputat cuya es la de cm, por más que en verso las sílabas ten y com se contasen como largas, por el mayor tiempo que podía emplearse en la pronunciación de las dos consonantes que van después de la vocal. Sin el dicho de los gramáticos, nos llevaría a igual deducción el hecho de verse diptongadas en castellano tales vocales: tienta, cuenta.

Como, según lo dicho, el latín vulgar conservaba la cualidad (o sea lo abierto o cerrado) y no la cantidad de las vocales, no es de extrañar que el diptongo ae, abierto de suyo, se convirtiese en ie, como en caecum ciego,

---

370 En la expresión longa positione la última palabra es traducción del griego, que no significa aquí posición, colocación, sino postura (como decían nuestros antiguos) o convenio; las sílabas a que se refiere son, pues, convencional y no naturalmente largas. La mala inteligencia de este término, como de otros muchos del lenguaje gramatical, ha dado margen a graves errores (Véase Seelmann, Die Aussprache des Latein nach physiologisch-historischen Grundsaetzen, Heilbronn, 1885, pág. 107).

Es oportuno recordar aquí que con el asterisco antepuesto a una forma se da a entender que es hipotética, o sea que su existencia se colige por inducción, y no porque se encuentre comprobada en los monumentos literarios.

caelum cielo, caenum cieno, graecus griego, paenitet arrepiente, quaerit quiere; y es lo singular que nuestra fonética sirve aquí de apoyo a la buena ortografía latina, que ha restituido el diptongo ae en varias de las voces citadas.

No hay para qué decir que procedimientos tan delicados están expuestos a mil modificaciones, debidas en especial a la analogía de otras voces. Así, Berceo conjugaba con exactitud miembra = mmorat y semnan = sminant (Santo Domingo, 193, 77), pero a poco se igualaron ambos verbos; fregar, plegar, regar, sosegar, cuya e proviene de (frcare, plcare, rgare, sesscare, que en castellano antiguo dio sesegar) y debía por tanto ser cerrada, se acomodaron, unos antes, otros después, a la flexión normal de segar (secare), negar (negare), cegar (caecare). Frega, fregue eran todavía comunes en el siglo XVI; plega, despliega, replega, se usan hoy a cada paso.[371]

Aunque es difícil averiguar en todos los casos de cantidad natural de las vocales que se hallan en posición, es sin duda que ellas han cedido tal cual vez a influencias parecidas, pues vemos el diptongo en *cuestan*, cuando por Cicerón sabemos que en *constant* la preposición era larga por ir seguida de *s*; aquí naturalmente se viene a la memoria el sustantivo cuesta de costa.

Por otra parte, este juego del vocalismo parece ir mermando cada día en vitalidad. Así es que unos verbos tienden a fijar la vocal, y otros el diptongo; anegar (ncare), que todavía se conjugaba aniego en el siglo XVI, como se ve en el Diálogo de Mercurio y Carón de Valdés (página 5, edición de Böh-

---

371 Véanse ejemplos de la conjugación de fregar, refregar en el *Libro de la Montería*, II, 8; en el de la *Caza de las aves* de López de Ayala, X, XXIV; en el *Cancionero de Baena*, pág. 438, en el Dioscórides de Laguna, V, 54; en la *Historia de las Indias* de López de Gómara (R. XXII, pág. 2002); y en el Vocabulario del humanista de Palmireno, II, pág. 84 (Valencia, 1569). El sustantivo plego se halla en los libros de Astronomía de Alfonso el Sabio, I, pág. 24, lám. 6.ª; y si hemos de juzgar por la comedia de Pascual y Carranza de Bretón (escena 19) aún lo emplea el vulgo; la Academia usó plega en el Diccionario vulgar desde la primera edición hasta la undécima en la voz plegador; y aun hoy lo usa en la voz fuelle. Quintana en la Introducción a la poesía del siglo XVIII, art. IV, escribe: «El instinto se plega de suyo a las infinitas variedades del ritmo»; Lista: «El genio no se plega fácilmente a la autoridad» (Ensayos, I, pág. 2). Es inútil citar ejemplos parecidos de replegar y desplegar. [Cuervo agrega a mano, al margen de su ejemplar de la edición de 1907: «resollo, Cancionero general, I, 307». Y luego: «refrega, sust., Álvarez Gato, pág. 89»]. (Comisión editora. Caracas)

mer), en el lenguaje literario no admite ya sino anego;[372] entre los refranes del Marqués de Santillana se halla: «Xo, que te estriego» (Obras, Madrid, 1852; Sbarbi, Refranero, tomo I), mientras que en el Comendador Griego se lee estrego (Madrid, 1619); aferrar, de que en los siglos XVI y XVII se decía indiferentemente afierro o aferro, no admite hoy sino la última forma; atestar, derrengar y derrocar, que nuestros clásicos conjugaban siempre con el diptongo, se usan hoy por autores respetables con la vocal simple; finalmente, verbos de formación y origen puramente erudito como pretender,[373] innovar, no se acomodan a la norma de sus afines. Por el contrario dezmar, adestrar, amoblar, desosar, engrosar van cediendo el puesto a diezmar, adiestrar, amueblar, deshuesar, engruesar; y lo mismo puede decirse de muchos superlativos. Esto para no hablar sino del lenguaje literario, que sigue siempre a alguna distancia al popular y provincial; en éstos los casos son cada día más frecuentes: en Madrid se oye decir buñuelero, meriendar, regüeldar, y en otras partes entiesar, empuercar, entuertar, espuelear, tiendero, nieblina, fuerzudo. Las gramáticas y diccionarios exponen el uso coetáneo de la gente culta y letrada, y sus decisiones no pueden por tanto ser jamás definitivas.

Para concluir añadiré otras observaciones sobre algunos verbos: encovar[374] y discordar guardan a veces en nuestros clásicos intacta la vocal: «Quien consigo discorda, con ninguno se podrá templar» (Gálvez de Montalvo, Pastor de Fílida, parte IV).

> «El tigre y onza diestra
> Se encovan a pensar en cazas nuevas».

> (Malón de Chaide, Conversión de la Magdalena, parte II, § 3)

---

372 El sustantivo aniego que como americanismo cita Bello, debe de ser andalucismo, pues se halla en las Escenas andaluzas, pág. 80 (Madrid, 1847)

373 Sin embargo, en escritores del Nordeste de la Península está diptongada la e; pretiendan dice Azpilcueta Navarro (Comentario resolutorio de usuras, pág. 13; Valladolid, 1569); pretiendo Gil Polo (Diana, II, fol. 62; Zaragoza, 1577) y Julián de Medrano (Silva curiosa, págs. 75, 243; París, 1608). Véase pág. 134.

374 Sin duda por confusión con encobar (incubare): «Es bien que al tiempo que ellas (las pavas) se encoban, las pongan en lugar escondido de los machos» (Herrera, Agricultura general, lib. V, cap. XXXV).

«Para una tarde fue decreto y orden
Que una Jerusalén se forme y trace.
Y que de turcos sus murallas borden,
Haciendo un foso que su campo abrace,
Y porque de lo cierto no discordan...».

(Lope, Jerusalén, VII)

La diferencia de conjugación en aterrar, según que se usa en sentido material o inmaterial, es cosa moderna, pues para nuestros mayores en ambos casos significaba echar por tierra, abatir, propia y figuradamente, y decían siempre atierro, atierra. De la *Gramática de la Academia* (edición de 1854, 1858) tomó sin duda Bello una diferencia semejante para acordar; pero la misma Academia ha suprimido posteriormente esta advertencia, y con mucha razón, pues la aplicación que se hace de este verbo a los instrumentos de música es secundaria, y de ellos como de las personas se ha dicho y se dice siempre que están acordes y que acuerdan o se acuerdan. La Academia no menciona la diferencia que hace nuestro Autor en follar, afollar, según salen de fuelle o de hoja.

El mismo Cuerpo ha acrecido las listas de verbos de esta clase con muchos inmediatamente sacados de sustantivos que llevan diptongo, y que no se encuentran mencionados por Bello, como hacendar, azolar, enlenzar, abuñolar, aclocar, apercollar (?), desflocar, desmajolar. Pero no debe olvidarse que nuestro Autor considera como compuestos para el efecto de la conjugación muchos verbos que solo por el sonido lo son, como sosegar de segar, desollar y resollar de hollar.

II. Es cosa notada y cuidadosamente estudiada la influencia de las vocales i u sobre la e o precedentes, como si aquellas vocales cerradas por naturaleza inficionasen en las inmediatas, e impidiesen cambios inevitables en otras circunstancias o los modificasen. Para el objeto presente basta señalar el poder que tienen los diptongos ie io[375] para conservar intacta una i o una u, que sin esto fueran e o en el lenguaje popular. Compárense escrebir venir (latín scrbere, vvere) con escribió vivió, escribiendo viviendo, escribiese viviese; podrir, podrido, sofriste (latín putrere, putrire, sufferre), con pudrieron, pudrió, sufriendo.

La misma fuerza conservativa tiene el diptongo ie en los tiempos que se derivan de los pretéritos graves. La o proveniente de au, como nota agudamente Cornu,[376] fue de ordinario cerrada, de suerte que con razón se dijo ovieron, sopieron, ploguiere, supuesto que estos pretéritos salen de habui, sapui, placui, mediante las trasposiciones *haubi, *saupi, *plauci (plauki).

Pero lo que hasta aquí se nos ha presentado como fuerza conservativa de las vocales cerradas, claro está que había de serlo también transformativa de las vocales abiertas o indiferentes. Por eso de regir (rgere), gemir (gmere), pedir (ptere) salieron rigió, gimiera, pidiendo; de cobrir, morir, dormir; cubierto, murió, durmiendo. Por lo mismo caementum, fenestram, tenebras, decembrem dieron cimiento, finiestra, tinieblas, diciembre; y lesión, afeción, lección se transformaron en lisión, afición, lición. Esta influencia se mantuvo viva en todo el siglo XVI, como que eran muy comunes los gerundios quiriendo, tiniendo, compartiendo, etc.

Pero no tardó en cruzarse esta tendencia con la que explicamos más abajo; las *Partidas* dicen recebiente, Berceo y el Poema de Alfonso XI, dormiente, el *Ordenamiento de Alcalá*, seguiente. Además verbos como rendir, hervir han entrado muy posteriormente en esta clase, pues que Berceo dice render, rendamos, rendieron y el Poema de Alfonso XI, renderían; en el Alejandro se lee ferviendo, en la *Crónica general*, fervió y en las farsas de Lucas Fernández herver, forma todavía usada popularmente.

Volviendo a los pretéritos graves. Es indudable que hacer, querer, venir tuvieron i en la primera persona fice, fiz, quise, vine, tanto por la de fc, quaesii, vn, como por la naturaleza de las consonantes inmediatas.[377] De suerte que se conjugaban: fice o fiz, feciste, fezo, fecimos, fecistes, ficieron; quise, que-

---

375 La terminación ie del co-pretérito era diptongo en los primeros tiempos de la lengua, y por eso se encuentran dicie, vivien, sirvie, sufrie.

376 Romania, XIII, 291.

377 Véase Cornu, Romania, VII, 360; W. Foerster, Zeitschrift für romanische Philologie, III, 514.

siste, (queso), quesimos, quesistes, quisieron; vine, veniste, veno, venimos, venistes, vinieron. La tercera persona de singular fue la primera en sentir la influencia de ficieron, vinieron, convirtiéndose en fizo, quiso, vino; heriste, hecistes, hecimos, quesiste, quesistes, quesimos se usaron todavía en el siglo XVI, y veniste, venimos se usan todavía en lo familiar. Pude y puse deben también la u a la final larga de *pouti potui, *pousi posui; y de estas formas y de pudieron, pusieron, pudiera, pudiese, etc., se origina la conjugación actual.

Forman la base de nuestra tercera conjugación los verbos de la cuarta latina, caracterizada por la vocal i: aperire, dormire, sentire, ferire, y peculiar en un principio de verbos derivados (finire, blandiri); comenzó a enriquecerse desde época remota con verbos de la tercera conjugación correspondientes al paradigma de capere, capio, como salio (griego), venio (); atracción que fue creciendo, según lo dejan ver los infinitivos moriri, effugiri, hasta que en la baja latinidad la padecieron muchos verbos del paradigma ordinario. Harto más contribuyó a acrecentar el número de los verbos en i la segunda latina, cuya e se pronunciaba i en latín vulgar, de modo que deleo y audio se acercaban hasta identificarse casi completamente sus paradigmas.[378] Por consiguiente, nuestra tercera conjugación tiene por característica la vocal i, y ésta es la que produce las diversas modificaciones de vevir, pedir, sofrir, morir; semejante influencia informa de tal manera el organismo de la conjugación, que quien no quiera admitir la acción analógica de digamos, suframos en sintamos, durmamos, habrá de convenir en que la i, aun después de haber desaparecido, está inficionando las vocales inacentuadas.[379] Ésta y no otra es la razón de la diferencia entre bebió y concibió, vendieron y rindieron.

No siempre es fácil descubrir las causas que han motivado el paso de un verbo latino en re a nuestra tercera conjugación. Unas veces puede haber influido la g palatal, como en los acabados en eñir (tingere), en freír (frigere), elegir (antiguo esleír). Petere por petivi, petierat estaba ya medio incorpo-

---

378 Véase J. Müller, Handbuch der klassischen Altertums-Wissenschaft, II, pág. 228. Henry, Precis de grammaire comparée du grec et du latin, pág. 148. Kühner, Ausfuehrlich Grammatik der lateinischen Sprache, I, pág. 500. Schuchardt, Vokalismus, I, pág. 268 sigs., 407 sigs.

379 Así lo cree Schuchardt, Zeitschrift für romanische Philologie, IV, pág. 121.

102

rado entre los en ire; en otros acaso la u final convertía en cerrada la sílaba anterior y ésta a su vez obraba sobre la terminación: seguir, escupir; tal es sin duda la razón por que la final ure ha parado en uír. Se nota además que verbos usuales poco antiguos o que han pasado en época reciente a esta conjugación, no alteran la e a influencia de los diptongos io ie; como cernir, discernir, sumergir.

III. Nuestro romance conmutó las vocales breves de la lengua madre en e o, tanto en las sílabas acentuadas como en las inacentuadas: plus, pelo; lpus, lobo; btumen, betún; sperbia, soberbia. No sucedió lo mismo con las largas, pues que persistieron casi sin excepción en las sílabas tónicas: vvus, vivo; dtrus, duro; aunque, como era natural, en las protónicas se oscureció la diferencia de cantidad y corrieron igual suerte que las breves: vcinus, vecino; fliginem, hollín.

Nuestros libros antiguos y el lenguaje popular de nuestros días, que continúa como siempre la tradición arcaica, nos ofrecen infinitos ejemplos de estos cambios; mientras que son menos frecuentes hoy en el lenguaje literario y atildado, ora por efecto de la reacción etimológica, ora por la fuerza niveladora de la analogía, que introduce en todas las inflexiones de una palabra la vocal predominante en las más usuales. En castellano antiguo eran comunísimas voces como vertud, trebuto, fegura, edeficio, hestoria, melecina, sotil, suspiro, omildoso, y ahora se oyen en cada esquina adevinar, prencipio, prencipal, cevil, vesitar, melitar, ministro, menuto, cerujano, tenaja, dolzura, sepoltura, mormurar, moltitud, pronunciaciones que sin duda datan de época remota.

Donde más se notan estas conmutaciones es en los verbos de la tercera conjugación. Del actual uso literario son decir (dcere), colegir (collgere), concebir (concpere), reír (rdere), teñir (tingere), podrir (putrere) y otros; del uso antiguo, escrebir (scrbere), vevir (vvere), recebir (recpere), redemir (redmere), nodrir (ntrire), foír (fgere), recodir (rectere), sacodir (succtere), sofrir (sufferre), somir (submergere), bollir (bullire). En el lenguaje vulgar se hallan otros como empremir, eregir, deregir, decedir, sin contar algunos de los verbos antiguos citados.[380]

Si tomamos dos verbos cuyos orígenes latinos tengan la vocal larga, hallaremos dos grupos de inflexiones, que, conforme a rigurosos principios fonéticos, presentan el uno i u acentuadas, y el otro e o inacentuadas; ejemplifiquemos esto con el presente de indicativo: decir (dcere): digo, dices, dice, dicen; decimos, decís; nodrir (ntrire): nudro, nudres, nudre, nudren; nodrimos, nodrís.[381] A estos paradigmas se ajustaron no solo los verbos de vocal breve originaria, sino otros que en latín no tenían i u sino e o, como gemir, medir, pedir, regir, rendir, seguir, servir, vestir, embestir; complir, cobrir, escorrir, mollir, nocir, ordir. Cosa natural, porque concordando unos y otros verbos en las inflexiones en que el acento cae fuera de la raíz, se igualaron en las otras; argumento de la vitalidad de esta ley o tendencia fonética en los primeros tiempos de la lengua.[382]

Esta vitalidad parece haberse ido amortiguando, como queda apuntado. Si es cierto que el pueblo dice en Madrid asestir, deregir, eregir, ometir, remetir, el lenguaje literario ha desechado a vevir, escrebir, recebir, redemir, y olvidado los que llevaban o con excepción de podrir, y aun en éste mismo hay notable tendencia a igualarlo a sufrir, cubrir.

IV. Formas tradicionales y analógicas. Tales son las que se han conservado de la lengua madre, más o menos puras, sin acomodarse a los paradigmas ordinarios, y las que, habiendo nacido por imitación de otras existentes, carecen de fundamento etimológico.

a. Los verbos de forma inceptiva en scere, verbigracia crescere, cognoscere, se conjugaban en latín llevando en todas las inflexiones la c final el sonido de k (cresko, creskis, creskit, creskat); pero al asibilarse la c ante de e i (en los primeros siglos de nuestra era), resultó la anomalía que hoy vemos: crezco, creces, crezca. Arraigada esta manera de conjugar para verbos en

---

380 Para el uso vulgar saco los ejemplos de El arte de hablar de M. Torrijos, Madrid, 1865, 16 págs., y de los Cantos populares españoles, Sevilla, 1882-1883, 5 vols.

381 De este verbo no tengo comprobadas sino las inflexiones nodrir, nodrido, nudrió; lo pongo por razón de la cantidad de la u en latín.

382 Repárese que en el tercer grupo de formas afines establecido por Bello (número 504) se confunden fenómenos de distinto orden.

acer, ecer, ocer (latín ascere, escere, oscere), se extendió a los en ucir (latín ucere), que ofrecían un caso parecido de asibilación representado fielmente por el italiano traduco, traduci, traduca, y con alguna desviación por nuestro decir: digo (dico), dices (dicis), diga (dicat). Hacer (facio), cocer (coquo)[383] y mecer (misceo) conservaron su independencia; aunque el último, según nota Bello, se halla conjugado en Lope de Vega como crecer, y todavía Hermosilla ha dicho mezca;[384] placer (placeo) y yacer (jaceo) no escaparon de la acción de la analogía.

b. Entre las formas tradicionales ocupan lugar importante los pretéritos graves: duje (antiguo duxe; latín duxi), dije (dixi), traje (traxi), hice (feci), vine (veni), quise (quaesii). Algunos ofrecen casos curiosos de atracción y contracción: pude (*pouti, potui), puse (*pousi, posui), hube (antiguo hobe; *haubi, habui), supe (antiguo sope, provenzal saup; saupi, sapui), cupe (antiguo cope, provenzal caup; *caupi, capui, usado en latín bajo por cepi), plugo (antiguo plogo: *plaucit, placuit), yogui (*jauci, jacui), truje (antiguo troxe; *trauxi, *traxui por traxi). Los pretéritos graves fueron mucho más numerosos en lo antiguo, como lo advierte Bello, número 611.

La semejanza de *ovo* (hubo) dio origen a *tovo* (portugués *teve*, de *tenuit* mediante la desaparición normal de la n intervocal, como en lua = Luna). De *estar* se dijo antiguamente *estido* (stetit), y a semejanza de éste se formó andido; uno y otro mudaron la i en o u siguiendo a los verbos mencionados arriba; y estudo, andudo dieron estuvo, anduvo, igualándose a hubo, tuvo. Aun plugo se convirtió en *pluvo*.[385]

---

383 En lo antiguo se conjugaba cuego, cogamos (véase mi Diccionario) y en la Agricultura de Herrera se lee cuezga (verbigracia III, 30, 32), forma que con la anterior da todavía como usuales Oudin en su gramática (5.ª edición, París, 1619).

384 Ésta es la conjugación que da Juan de Luna en su Arte breve y compendiosa para aprender a leer, escriuir, pronunciar y hablar la lengua española (Londres, 1623).

385 *Pluvo* está rimado con tuvo y detuvo en el Bernardo de Valbuena, III; pluuiese está en los Castigos y doctrinas que un sabio daua a sus hijas (Biblióf. españ., XVII, pág. 262), y en el entremés de La cárcel de Sevilla (Gallardo, Ensayo, I, col. 1380); plubiera en el Mágico prodigioso de Calderón, pág. 25, edición de Morel-Fatio. En época más remota se dijo crovi, croviesse de creer, sovi de seer o ser. [Adición manuscrita del mismo Cuervo, al margen: «Cancionero de Baena, 295, Nueva Biblioteca, 9, 6301»]. (Comisión editora. Caracas)

Otros ejemplos de atracción tenemos en quepo, quepa (portugués caibo, caiba = *caipo, *caipa, capio, capiam), sepa (portugués saiba = *saipa, sapiam), plega (*plaica, *placiat, placeat).

c. Es analógica la y que constituye la irregularidad de los verbos en uír; de las inflexiones en que es normal, como arguyó, arguyera, ha pasado a los presentes de indicativo y subjuntivo y al imperativo. El mismo hecho presentan otros verbos en el lenguaje arcaico y en el popular; crece, caye se apoyan en creyendo, cayó, como destruye en destruyó, destruyendo. Huir es el único verbo de esta terminación en que la y es etimológica: fuye = fugit.

d. También por analogía ha de explicarse la g que tienen algunos verbos en el primer grupo de formas afines. La conjugación normal de decir: digo, dices, diga, ha ocasionado la de hacer, yacer: hago, yago; haces, yaces; hagan, yagan; la conjugación etimológica tradicional de tañer: tango, tanga (latín tangere, tango, tangam), de ceñir: cingo, cinga (latín cingere, cingo, cingam), de coller, coger: cuelgo, cuelga, cozgo, cozga[386] (latín colligere, colligo, colligant), produjo en épocas remotas tengo, pongo, salvo, valgo; formas que posteriormente han dado su g a verbos que tenían y, como oigo, caiga, traiga, que en el siglo XVI eran todavía oyo, cayo, traya; huigo, usado tal cual vez por nuestros clásicos, y haiga son hoy vulgaridades;[387] destruiga, restituiga usa Pedro Simón Abril en las traducciones de las epístolas de Cicerón (27 v.º; Barcelona, 1592) y de las comedias de Terencio (291; Zaragoza, 1577). Asa, desasa por asga, desasga se leen en el Arcipreste de Hita, 1324, y en el Epistolario del V. M. Ávila, folio 193 v.º, Madrid, 1598 (VI, 246, Madrid, 1805).[388]

---

386 Coxgamos: Juan de la Encina, Teatro, pág. 226 (edición de la Academia); acoxga: Venegas, Diferencias de libros, fol. 146 v.º (Toledo, 1545); coxgo: Cipriano de Valera, San Mateo, XXV, 26. La x, pronunciada como ch francesa, representa la g de coger, pronunciada a la italiana o a la francesa. Compárese en el padre Alcalá la transcripción janab, axnab, en que j y x representan la misma letra árabe gim. [Adición manuscrita de Cuervo, al margen: «cosgas, Lucas Rodríguez, pág. 451»]. (Comisión editora. Caracas)

387 Véase Meyer-Lübke, Grammaire des langues romanes, II, §§ 171, 180.

388 Adición manuscrita de Cuervo, al margen: «Lisandro y Roselia», 102; Guevara, Epístola I al doctor Melgar, fol. 160 v.º (M. Nucio). (Comisión editora. Caracas)

e. La i e de las finales latinas io, eo, iam, eam, pronunciándose como y, ha modificado de diversas maneras la raíz: a) fundiéndose con la consonante anterior o haciéndola desaparecer, como en oyo, oya (audio, audiam), huyo, huya (fugio, fugiam), haya (habeam); b) convirtiendo en palatal la l anterior como en el castellano antiguo valla (valeat); compárese el italiano doglio, vaglio, y el portugués valho, valha, venho, venha.

77 (número 546). Retiñir nada tiene que ver con tañer; éste viene de tangere («Non didicit chordas tangere», Ovidio), y aquel otro de retinnio, compuesto de tinnio, voz seguramente formada por onomatopeya.

78 (número 561). No menos decisivos que el ejemplo del *Amadís* citado por el Autor son los siguientes, tomados entre muchos otros, para probar que plega es presente de subjuntivo de placer: «Ésta (la romería de Jerusalén) puede prometer el marido sin otorgamiento della (su mujer), porque es más alta romería que todas las otras, como quier que ella non lo puede prometer sin él; pero el perlado debe amonestar a la mujer quel plega; et si non le ploguiere et quisiere ir con él, débela llevar consigo» (Partida I, título VIII, I, IX).

> «Yo soy tu prisionero, é sin porfía
> Fuiste señora de mi libertad,
> E non te piensses fuya tu valía
> Nin me desplega tal cautividat».
>
> (Marqués de Santillana, Obras, soneto VIII)

Me parece que la conversión de plega en plegue ha de atribuirse a la analogía de pese, de pesar; verbos que se hallaban en constante contraposición, como lo indican los dos nombres pláceme y pésame y las frases optativas pese a mí, a mi linaje, etc., y plega a Dios, al cielo, etc. El pasaje siguiente, semejante al del *Amadís*, pone de manifiesto la influencia del un verbo sobre el otro:

> «Probaron mi rejalgar
> Santispíritus, Bretonio;

Que pese o plegue al demonio
Peñafiel no ha de quedar».

(Fray Francisco de Ávila, La vida y la muerte, Salamanca, 1508;
en Gallardo, Ensayo, I, col. 338)

Don L. M. Díaz acusa a la Academia de incurrir en varias inadvertencias al tratar de rebatir en su *Gramática* (año de 1880) lo que asienta Bello acerca de la conjugación de placer. El caso es como sigue: En la 1.ª edición de su *Gramática* escribió Bello, según las reimpresiones de Caracas (1850) y Madrid (1853) que tengo a la vista:

«Placer. En tiempos no muy antiguos se conjugaba solo en las terceras personas de singular; tenía la raíz pleg para las formas de la primera familia, y plug para las de la quinta.

»Indicativo, pretérito. Plug-o.

»Subjuntivo, presente. Pleg-a. Pretérito, Plugu-iese o iera. Futuro, Plugu-iere.

»Las formas del subjuntivo se conservan en el modo optativo (plega a Dios, pluguiese o pluguiera al cielo) y en el hipotético (si a Dios pluguiere). Se dice también plegue por plega, como si el verbo pasara a la primera conjugación.

»Hoy conjugamos este verbo en todos sus modos, tiempos, números y personas, como irregular de la primera clase.

»Indicativo, presente, Plazc-o o plazg-o.

»Subjuntivo, presente, Plazc-a, as, etc., plazg-a, as, etc.».

En la cuarta edición, Valparaíso, 1857 (no conozco la 2.ª ni la 3.ª) leo:

«A la séptima clase de verbos irregulares pertenecen:

»3.º El verbo placer, que en la primera familia se conjuga con la raíz irregular plazc (c fuerte) o plazg, y en todas las demás inflexiones es regular; pero también hace la tercera persona de singular del presente de subjuntivo, plega o plegue, y las terceras personas de singular de la quinta familia, plugo, pluguiese o pluguiera, pluguiere.

»a. Plugo se encuentra pocas veces en obras modernas; plega o plegue, pluguiese, pluguiera y pluguiere apenas se usan sino como condicionales u optativas: plega al cielo, pluguiese a Dios, si a Dios pluguiere.

»b. La conjugación de este verbo ha sufrido vicisitudes notables. En lo antiguo se conjugaba solamente en las terceras personas de singular y pertenecía a la séptima clase de irregulares, con las raíces plega para la primera familia y plug (más antiguamente plog) para la quinta.

»Indicativo, pretérito, Plugo. Subjuntivo, presente, Plega. Pretérito, Pluguiese o iera. Futuro, Pluguiere.

»Posteriormente se usó en todas las personas y números; pero las formas irregulares de la quinta familia siguieron empleándose solamente en la tercera persona de singular».

En la última edición que hizo el Autor y que es la que se reimprime de entonces acá, repitió lo anterior introduciendo las siguientes modificaciones sustanciales:

«a. Plugo se encuentra pocas veces en obras modernas: plega o plegue, pluguiese, pluguiera y pluguiere apenas se usan sino como optativas o hipotéticas: plega al cielo, pluguiese a Dios, si a Dios pluguiere.

»b. (...)

»Posteriormente se ha usado en otras inflexiones que las de tercera persona de singular; pero la Real Academia no ha sancionado esta práctica».

Pasemos a lo que dice la Academia (pág. 129): «Don Andrés Bello, después de manifestar en su *Gramática* que las formas con que antiguamente se conjugaba el verbo placer en el subjuntivo (pleg, pluguiera, pluguiese, pluguiere) se conservan en el modo optativo y en el hipotético, añade: 'Hoy conjugamos este verbo en todos sus modos, tiempos, números y personas como irregular de la primera clase'. Los irregulares de la primera clase son en dicha *Gramática* los terminados en acer, ecer y ocer. Resulta pues de la afirmación de Bello que el verbo placer no es defectivo y que se conjuga como su compuesto complacer, exceptuadas solamente las formas del subjuntivo con sentido optativo o hipotético.

»Equivócase, a no dudar, el afamado escritor venezolano al no incluir en tal excepción la forma plugo del pretérito perfecto de indicativo, usada frecuentemente en nuestros días, y cuyo sentido en ningún caso puede ser hipotético ni optativo; pero esto mismo que Bello asienta como hecho consumado, es, sin duda, lo que por raciocinio parece más natural y conveniente».

De aquí resulta que la Academia se refiere a la primera edición de Bello, cuando era natural que tuviese a la vista las posteriores, sobre todo la de Madrid, 1867, que es la octava, y aun la de Bogotá, 1874, que creo conoce también la Academia. Sería, pues, justo que en otra edición de la *Gramática* modificase este punto, cuanto más que los hechos que Bello asienta están perfectamente acordes con lo que ahora sanciona la Academia. Solo apuntaré que desde la época en que Bello advertía hallarse pocas veces plugo en obras modernas, se nota en varios escritores españoles mayor tendencia al arcaísmo que anteriormente, y añadiré que esta inflexión desapareció hace mucho del lenguaje popular; y es esto tan cierto que en ediciones del siglo XVIII se halla acentuado plugó, lo cual prueba que los impresores desconocían la palabra, pues que, conociéndola, sería tan inconcebible como que hoy se escribiera hizó, vinó.[389]

Bello dice que en lo antiguo solo se usaban las terceras personas del singular; los pasajes siguientes prueban el uso del plural en el siglo XV. «Vos quiero certificar me place mucho que todas cosas que entren o anden so esta regla de poetal canto, vos plegan» (Marqués de Santillana, Obras, página 2).

> «Non te plegan altiveces
> Indevidas».

(El mismo, ubi supra, página 31)

«Mucho soy maravillado e me desplace por el infante don Enrique nombrar a mí por enemigo, que yo deseo mucho que él sirviese a Vuestra Merced sobre todas cosas... y él haciéndolo así, de muy buena voluntad le serviría yo después de mi señor el infante don Juan su hermano, que aquí está presente, a quien soy más obligado; pero teniendo él otras maneras que a

---

389 Aunque la Academia ha suprimido este pasaje en la edición de 1895, ha parecido conveniente conservar todavía la rectificación hasta que se borre la mala impresión de aquella censura.

Vuestra Alteza no plegan, no me debe él haber por enemigo porque yo dellas me aparte e sirva a Vuestra Señoría, a quien natural [e] razón me obligan sobre todas las cosas después de Dios» (Crónica de don Juan II, año 1422, capítulo III, o sea XXXVIII de la 2.ª serie en la edición de Logroño, 1517). He citado con alguna extensión este pasaje, porque la Academia lo aduce en la *Gramática* para probar que plegan es tercera persona de plural del presente de indicativo. Dejo aparte los ejemplos precedentes y la dificultad de que plega en singular pertenezca al subjuntivo y plegan en plural al indicativo, para indicar que nada hay que exija este último modo en el pasaje de la Crónica; antes en el tono de moderación que afecta el que habla, es naturalísimo el subjuntivo; léase, si no, el pasaje poniendo agraden en vez de plegan.

79 (número 577). En el lenguaje familiar se usa diz por dicen, en la combinación diz que:

«El placer comunicado
Diz que se hace mayor».

(Cristóbal de Castillejo, Diálogo de las condiciones de las mujeres)

80 (número 581). El imperativo de haber es perfectamente regular: habe, habed: «Habe misericordia de mí, pues dende tu niñez por todas las edades creció contigo la misericordia» (Granada, Oración I de la vida de Nuestra Señora); «Habed piedad, Criador, destas vuestras criaturas» (Santa Teresa, Exclamaciones del alma a Dios, VIII). La primera de estas formas, comunísima cuando haber era sinónimo de tener, es hoy inusitada; la otra apenas tiene cabida tal cual vez en el lenguaje místico; pero ambas cuadran perfectamente con las anticuadas habes, habe, haben en vez de has, ha, han, que con habemos, habéis, completaban, salvo la primera persona del singular, el presente regular de haber.

El he de he aquí, he ahí ninguna conexión tiene con haber ni en el sentido ni en la forma, que originariamente era fe. Diez consideraba este fe como modificación de ve, imperativo de ver; Ascoli, poco inclinado a admitir el cambio de v en f, se aparta de Diez, y tomando por base el afe, tan común en el Cid, lo interpreta como juramento aseverativo que acabó por convertirse en interjección denotativa de decisión, intimación; cosa algo parecida a lo que vemos en el latín hercle y en el italiano gnaffe = mía fe. Según esto, «Afeuos todo aquesto puesto en recabdo» (Cid, 1255) no sería ni más ni menos que «A fe o a fe mía que todo está puesto a buen recaudo» (Letteratura, glottologia, página 88, traducción alemana). Los pronombres que se le apegan pudieran, siendo esto así, compararse a los que en latín lleva ecce: ecce me, eccum.

La forma heis por habéis, usada como auxiliar, completa el presente sincopado he, has, ha, hemos, heis, han:

«¿Tanto os heis debilitado?».

(Lope, El molino, II, 3)

«No es el vïaje tan largo,
don Melchor, como me heis dicho».

(Tirso de Molina, La celosa de sí misma, II, 10)

81 (número 582). Son curiosas y dignas de mencionarse las formas antiguas imos (latín imus), ides, is (latín itis), equivalentes de vamos, vais, por ser las únicas del presente derivadas de la raíz del infinitivo:

«Con mugeres e con fijos y nos ymos a morar».

(Rimado de palacio, 354)

«Caballero, si a Francia ides
Por Gaiferos preguntad.

¿Dónde is? ¿Dónde corréis? ¿Quién de repente
Aquesta gran discordia ha levantado?».

(Hernando de Velasco, Eneida, XII)

En otro romance de los de Gaiferos ocurre ya vades como optativo:

«Con Dios vades, los romeros,
Que no os puedo nada dar»,

pasaje este semejante al que Cervantes pone, como la antepenúltima cita, en boca del muchacho de Maese Pedro: «Vais en paz, o par sin par de verdaderos amantes» (*Quijote*, II, 26). Díjose también vo en lugar de voy, así como estó por estoy, so por soy, según lo observa el autor del Diálogo de la lengua, y do por doy, como en aquel verso de la *Canción a las ruinas de Itálica*:

«Les do y consagro, Itálica famosa»,

que Quintana, según nota don Aureliano Fernández Guerra y Orbe, destruyó poniendo doy, y en el cual la lección auténtica es do, conforme lo sospechó Bello (Ortología, parte III, § IV). Ni se crea que este do, es lo que impropiamente llaman algunos licencia poética, es forma antigua usada por los escritores de épocas anteriores; en el acto VII de la Celestina se hallan so y do, que editores modernos han convertido en soy y doy, acaso pensando que aquéllas eran erratas.

82 (número 583). Nebrija conjuga así el pretérito de ser: fue, fueste, fue, fuemos, fuestes, fueron; formas corrientes antes de él y de que se hallan vestigios mucho después, aunque los gramáticos de mediados del siglo XVI dan ya la conjugación actual; yo fue o hue está en Juan de la Encina y Lucas Fernández, y casi un siglo después en la Biblia de Cipriano de Valera (San Mateo, XXV, versículos 25, 35, 43); fuemos, fuestes en el Marco Aurelio de Guevara (III, 4; folio 140, Sevilla, 1531). El yo hue de Lucas Fernández se oye todavía en boca del vulgo campesino en las tierras altas comarcadas de Bogotá. El imperativo sey se usaba todavía en el siglo XVI (véase un ejemplo en la nota 102); lo mismo el participio seído y el gerundio seyendo.

83 (número 588). Entre los defectivos merece contarse balbucir, verbo usado desde muy antiguo, y semejante a abolir, salvo que la Academia usa

balbuce; las formas que le faltan las suple hoy balbucear. A esta clase de defectivos han de añadirse otros verbos como denegrir y los forenses adir y preterir; del segundo apenas el infinitivo he visto, y del primero y el tercero infinitivo y el participio denegrido, preterido.

84 (número 590). La Academia admite las dos formas irgo, yergo, irga, yerga. Ya en algunas copias de la traducción del Concilio de León de 1020 se lee irga, y Jovellanos, como lo nota Salvá, dice en el imperativo irgue; pero yergue fue sin duda más usado; Juan de la Encina usa yérguete en el auto del Repelón, Lucas Fernández yergues en la égloga o farsa del Nascimiento, y Lope de Vega yérguete en Peribáñez y el Comendador de Ocaña, acto II. No sé si está comprobada la forma yergamos que trae la Academia; pero, estelo o no, es tan contraria a nuestra fonética como lo serían adviertamos, sientamos.

85 (número 593). Raer hace con más frecuencia raiga que raya: «Tomen aquellos dos ramos que sean verdes, nuevos y sustanciosos, y a cada uno dellos ráiganle hasta el medio tútano» (Herrera, Agricultura general, III, 8; item, V, 1). «Santifícate con ellos, y hazles la costa para que se raigan las cabezas» (Scio, Hechos de los Apóstoles, XXI, 24). Ésta es la forma que prefiere la Academia.[390]

86 (número 594). Hé aquí ejemplos de la forma roya: «Cuando nace la escoba, nace el asno que la roya» (Refrán en el Diccionario de la Academia, en la voz escoba); «Sean las estacas bajas, si no hay temor de bestias que las royan» (Herrera, Agricultura general, III, 15). «Quien goza de las maduras, goce de las duras, y quien come la carne, roya los huesos» (Estebanillo González, II). La Academia prefiere con razón roa a roya, y cita los versos de Quevedo:

«Yo te untaré mis versos con tocino
Porque no me los roas, Gongorilla.»[391]

---

390 Raya se lee además en la traducción del Momo por Agustín de Almazán, folio 19 v.º (Alcalá, 1553), y en las Sentencias que acompañan la versión del Anfitrión de Plauto por Villalobos, folio 83 v.º (Sevilla, 1574).

391 Roa dice también Virués, Monserrate, XVII (folio 159 v.º, Madrid, 1609); Juan de Luna en su Arte breve y compendiosa (1623) conjuga roigo, roiga.

87 (número 595). Loo de loar se halla usado por don Antonio Guevara: «Loo y apruebo ser eso todo bueno» (*Epístolas* familiares, I, letra para don P. Girón cuando estaba desterrado; folio 94 v.º, Zaragoza, 1543); «Rociar unas almohadas con un poco de agua de azahar, lóolo; mas comprar unos guantes adobados por seis ducados, maldígolo» (ahí mismo, II, letra para Micer Perepollastre; folio 111, Valladolid, 1545); por fray Luis de Granada: «Reconozco tu bondad, loo tu piedad» (Contemptus mundi, IV, 1); y por el marqués de Santillana y Juan de Mena:

> «Cuando yo veo la gentil criatura
> Que el cielo acorde con naturaleza
> Formaron, loo mi buena ventura».

(Soneto I)   «A oído con otras gentes
> Infamo muchas vegadas,
> Loo el mal en las pasadas
> Porque yerren las presentes».

(Tratado de vicios y virtudes)

Como primeramente se dijo respuso (verbigracia Cid, versos 710, 779, 1390, 2412; compárese haya respuesto, Espéculo, libro IV, título VII, I, 9), es de creerse que este repuso no pertenece propiamente a reponer sino a responder. Cuando éste pasó a conjugarse regularmente, la otra forma, perdido el hilo de la tradición, se incorporó en la conjugación de reponer. Hoy por una parte la influencia del pretérito repuse y por otra la analogía de oponer han hecho que se extienda el sentido de replicar a las demás formas del verbo: «Podrá decirse que, ejerciendo allí el magisterio de la cátedra, el amor de los discípulos le inclinaba a favor de los ingenios de aquel país. Pero es fácil reponer que...» (Feijoo, Españoles americanos). «Podría reponérsele que semejante estilo y versificación, propios de una fábula... no lo son en modo alguno de los géneros elevados de la poesía» (Quintana, Introducción a la poesía castellana del siglo XVIII, artículo IV).[392]

88 (número 598). El participio imprimido no lo desaprueba Salvá en este caso: «El carácter que le habían imprimido los órdenes sagrados». Fue comunísimo en el siglo XVI, pero poco a poco fue cayendo en descrédito; recuerdo haberlo visto censurado en no sé qué libro antiguo, y al fin debió ser tenido por incorrecto, pues refiriéndose Yepes a este pasaje de Santa Teresa, que él mismo copia: «De ver a Cristo me quedó imprimida su grandísima hermosura», escribe: «Quedó también tan impresa aquella majestad y hermosura en su alma, que nunca la pudo olvidar» (libro I, 13).

89 (número 598). Fray Luis de León usa el participio vido por visto que, imitando el habla vulgar o campesina, emplean Lucas Fernández (página 92) y Juan del Encina (Teatro, página 408).

> «Y aun he vido
> El trigo desdecir muy escogido».

> (Geórgicas, I)

90 (números 608, 609). En el siglo XIII todas las segundas personas de plural (excepto la del pretérito y la del imperativo) acababan en des. Fueron las inflexiones graves las primeras que perdieron la d; hállanse ejemplos de ello en el siglo XIV (vayaes, soes), y a principios del XVI eran de uso corriente y general las que hoy conocemos; si bien en las fórmulas del lenguaje cancilleresco quedaron vestigios hasta fines del siglo XVII (sepades, non fagades ende ál). Las inflexiones esdrújulas persistieron intactas por más tiempo; los ejemplos más antiguos que de las formas modernas tengo anotados son de 1555 y 1572;[393] insensiblemente fueron generalizándose, y

---

392 La confusión de responder y reponer se nota en otras lenguas romances; en Raynouard se hallan respos, a respost = repuso, ha respuesto; en portugués reposta = respuesta; Littré trae el imperativo antiguo reponez = responded. Santa Teresa dice también repuesta por respuesta.

393 Vtil y breve institution, para aprender los principios y fundamentos de la lengua hespañola, Lovaina, 1555 (en el paradigma de la primera conjugación da amabays); Azpilcueta Nava-

aunque rarísimas todavía en las obras de Cervantes y de Lope, es de creerse que al fin de su siglo la generación joven ya no las empleaba, por más que Calderón se sirviese todavía de ellas en su última comedia (1680). En estilo cancilleresco subsistieron hasta bien entrado el siglo siguiente (cobráredes en 1723: Nueva Recopilación de 1772, tomo III, página 385).

El testimonio más antiguo que conozco de la forma en teis del pretérito se halla en la Vtil y breve institution (1555), que la da una que otra vez; Cervantes y Lope preferían aún la antigua en les, pero también al fin de su siglo se hizo general la otra.[394]

Otro dístedes, semejante al del Romancero general citado por el Autor, ocurre en el romance de don Duardos y Flérida:

> «Contando vivos dolores
> Que me dístedes un día.»[395]

91 (número 613). Doldré por doleré, usado no solo en Chile sino en otras partes de América, se oye hoy entre el vulgo español (Araujo, Estudios de fonética castellana, página 129); y que viene por antigua tradición lo prueba el hallarse en las obras del infante don Juan Manuel (R., LI, página 3281) y en un antiguo manuscrito de la *Crónica general* (Ramón Menéndez Pidal, La leyenda de los Infantes de Lara, página 319, 31; Madrid, 1896).

92 (número 616). Es curiosa la síncopa del futuro de subjuntivo que se ve en el pasaje siguiente, y común en obras más antiguas:

> «Y si me creéis, Lucrecio,
> Buscadlo por otra vía

---

rro, Tratado de alabança y murmuración, Valladolid, 1572: complazeriays (pág. 237).

394 Mientras duró el conflicto de las formas en tes y teis, se usaba también otra en tis: amastis; verbigracia: Aldrete, Origen de la lengua castellana, págs. 256, 205; Calderón, Mágico prodigioso, págs. 221, 223 (edición de Morel-Fatio); Cáncer, Obras, fols. 3, 51 (Madrid, 1651); Polo de Medina, Obras, pág. 136 (Zaragoza, 1664); Santos, El no importa de España, pág. 176 (Madrid, 1667). Esta nota resume el artículo que publiqué en la Romania, tomo XXII.

395 En la redacción más antigua de este romance, según se halla en las obras de Gil Vicente (II, pág. 250, edición de 1843), se lee «Que me distes aquel día».

Cual quisierdes;
Que, siendo los años verdes,
Podéis hallarlo despacio;
Y huid, mientras pudierdes,
De la prisión de palacio».

(Castillejo, Diálogo y discurso de la vida de corte)

El imperativo guárdate se sincopaba en guarte:

«Gana el tesoro verdadero,
Guarte del fallecedero».

(Conde Lucanor, capítulo XV)

«Guarte, pues, de un gran cuidado,
Que el vengativo Cupido,
Viéndose menospreciado,
Lo que no hace de grado
Suele hacerlo de ofendido».

(Gil Polo)

93 (número 644). En los tiempos anteclásicos hube cantado era comunísimo en lugar de canté, y al parecer sin indicar ninguna de las ideas accesorias que apunta el Autor; verbigracia:

«Aqueste Paris, Alixandre llamado,
Fijo de aquel noble Rey Priamo,
Por cuya cabsa el reyno Greciano
Sobre la cibdad de Troya fue ayuntado,
Ovo por amores a Elena llevado,
Que al Rey Menelao tenia por marido,
El qual, con otros que fueron, venido,

Por mas de diez años la ovieron cercado».

(Edades del mundo, CXXIII)

94 (número 655). Nuestra forma subjuntiva en ra nace de la indicativa latina del pluscuamperfecto, sentido en que era muy común antiguamente (véase *Gramática*, número 720); si bien no deja de ocurrir también como mero pretérito, lo mismo que en portugués:

«Cuando vino la mañana,
Que quería alborear,
Salto diera de la cama
Que parece un gavilán,
Voces da por el palacio
Y empezara de llamar».

(Romance del Conde Claros de Montalván)

Como netamente subjuntiva es, según se dijo en la *Gramática* latina de Caro y Cuervo, muy rara en los monumentos más antiguos de nuestra lengua; en el Cantar del Cid no aparece con tal carácter sino unas dos veces (versos 3319 y 3597), y ambas en la apódosis de oraciones condicionales, en las cuales es sabido que se permite el indicativo en latín como en castellano (*Gramática*, número 695). Compárense los dos pasajes siguientes:

«Si non errasset, fecerat illa minus»;

(Marcial, I, 22)

«Si a Millan croviessen, ficieran muy meior».

(Berceo, San Millán, 288)

De la apódosis pasó a la hipótesis, y de oraciones condicionales a las puramente subjuntivas.

En nuestros clásicos, la forma en se predomina (lo que no quiere decir que sea exclusiva) como verdaderamente subjuntiva después de verbos que rigen este modo (número 457), en frases finales, optativas, adversativas, concesivas, etc. (para que, aunque, ojalá lo oyese, etc.), y en la hipótesis de oraciones condicionales (si lo supiese, lo diría); la en ra en la apódosis, y en frases que pudiéramos llamar potenciales, en las cuales se representan los hechos como meramente posibles, y que son en cierto modo oraciones condicionales incompletas, por faltarles una hipótesis vaga, que varía según los casos; como en este pasaje de Cervantes: «Preguntele que por qué había dado aquella tan cruel sentencia y hecho tan manifiesta injusticia. Respondiome que pensaba otorgar la apelación, y que con eso dejaba campo abierto a los señores del Consejo para mostrar su misericordia moderando y poniendo aquella su rigurosa sentencia en su punto y debida proporción. Yo le respondí que mejor fuera haberla dado de manera que les quitara de aquel trabajo, pues con esto le tuvieran a él por juez recto y acertado» (Licenciado Vidriera).

En los casos en que es indiferente el uso de las dos, ha tomado creces entre los españoles el uso de la forma en se, y aun pudiera decirse que tiende a hacer desaparecer la en ra; por el contrario, en América (a lo menos en Colombia) es de raro uso la en se en el habla ordinaria, y en lo escrito solo la emplean los que imitan adrede el lenguaje de libros españoles.

95 (número 678). Como ejemplos curiosos de imperativo con negación trae don Juan Eugenio Hartzenbusch el refrán «Ni fía, ni porfía, ni entres en cofradía», y un pasaje del Conde Lucanor, que dice: «Non fablad, callad»; a los cuales deben agregarse éste del Poema de Alfonso XI:

> «Esforçad e non temed,
> De Dios es profetizado
> Que auedes a uençer».
>
> (Copla 1529; item 1559)

En el siguiente del Romance del Conde Dirlos, que empieza

«Estábase el Conde Dirlos»,

Durán (Madrid, 1832) puso malamente mirad por miréis:

«No mirad a vuestra gana,
Mas mirad a don Beltrane».

96 (número 679). Este sepáis por sabed me parece tan solo una reliquia del uso que se hacía del optativo, a usanza latina, para suavizar el imperativo:

«Tomes este niño, Conde,
Y lléveslo a cristianar;
Llamédesle Montesinos,
Montesinos le llamad».

Calderón mismo ha dicho:

«Dígasme tú, divina
Mujer, que este horizonte
Vives, siendo del monte
Moradora y vecina,

¿Qué camino da indicio
Para ir al Purgatorio de Patricio?».

(El Purgatorio de San Patricio, III)

97 (número 708). El empleo del participio sustantivado con tener es portuguesismo que se le deslizó a fray Luis de Granada en este pasaje de las Adiciones al Memorial de la vida cristiana: «¿Qué cosa es más fuerte ni más poderosa que la muerte? ¿De quién no tiene alcanzado triunfos?» (parte I,

capítulo I, § 5). No obstante, de lo mismo se hallan ejemplos en Cervantes, Santa Teresa y Lope de Vega.

98 (número 717). A veces solo se pone en presente uno de los dos miembros de la oración condicional, y el otro no sufre alteración: «Si maese Pedro no se abaja, se encoge y agazapa, le cercenara la cabeza» (Cervantes, *Quijote*, II, 26). «Si no hubieras cebado en algo tu ira, de seguro te mueres» (Ochoa, Virgilio, égloga III).

99 (número 721). Desde la época en que el Autor publicó esta *Gramática* es increíble el cuerpo que ha tomado en España el abuso de la forma en se en la apódosis de oraciones condicionales; raros son hoy los escritores, aun de alguna nota, que no yerran en este punto, y por lo mismo se hace más importante advertirlo a los jóvenes para que se precaven de semejante corruptela.

Este hecho, como todos en el lenguaje, tiene su fundamento y sus antecedentes; aquí obra el paralelismo de los dos miembros que tienden a igualarse. En una nota anterior vimos que la forma en ra, propia en un principio de la apódosis, pasó a la hipótesis, y en el caso presente la misma causa traslada la forma en se de la hipótesis a la apódosis. Falta saber si esto logrará la misma sanción que lo otro. Como caso parecido puede citarse la forma que da el vulgo en Francia a las oraciones condicionales de la misma especie: *Si j'aurais de l'argent, je ne serais pas ici.*

100 (número 734). El giro de Lucrecio expleri potestur es tautológico; bastaba con una sola pasiva. En sánscrito y en gótico sí se usa sola la pasiva de poder.[396]

101 (número 762). El uso de atrever con acusativo oblicuo no fue conocido en castellano antiguo ni aparece sino a fines del siglo XVI y principios del siguiente. Fúndase en la analogía de los verbos comunes que admiten la construcción refleja, como si se arguyera así: moverse presupone mover, luego atreverse, atrever. Lo mismo se observa en abstenerse, pues que fray Luis de Granada dijo: «Abstenga sus ojos de mirar», igualando este verbo a contener. Podrían citarse otros ejemplos parecidos.

---

396 Véase Bopp, Vergleichende Grammatik, § 370; Pott, Etymologische Forschungen, tomo II, pág. 505 (2.ª edición).

102 (número 763). Hay muchos verbos transitivos que, usados como reflejos, significan movimiento o actitud espontánea, verbigracia moverse, volverse, echarse, arrojarse, ponerse, sentarse, mantenerse, haberse; de éstos hubo de pasar el pronombre a los intransitivos irse, venirse, salirse, entrarse, estarse, como mero signo de espontaneidad, y por consiguiente sin que hubiese intento de emplear tal o cual caso determinado. Siendo esto así, tendríamos aquí una construcción por analogía que no puede reducirse al análisis común. No hay en efecto medio alguno de comprobar en qué caso está el pronombre que acompaña a estos intransitivos; y por lo mismo es ocioso discutir si es acusativo o dativo. ¿Se modificará el carácter del verbo al agregarle un pronombre que no tiene funciones deslindadas de acusativo o dativo, solo porque con los transitivos que sirven de modelo ha de tomarse como acusativo en virtud de serlo los demás pronombres con que se juntan? Si se modifica, ¿cómo podrá probarse?

Ser y estar, junto con el pronombre reflejo, admiten el reproductivo lo, caso en que aquél ha de tomarse naturalmente como dativo. «Adonde yo no quisiere ser Sosia, séitelo tú» (Villalobos, Anfitrión). «Obispo por obispo, séaselo Domingo» (Mariana, *Historia General de España*, XVII, 8). «Andemos presto, que estará loco tu amo con mi mucha tardanza. —Y aun sin ella se lo está» (Celestina, V).

103 (número 764). Morirse, además de significar acercarse a la muerte, denota la muerte natural a diferencia de la violenta; así no puede decirse que alguien se murió fusilado, pero sí que se murió de tisis o pulmonía.

104 (números 777-9, 781-2). Hacer usado transitivamente, significa causar, producir, como cuando decimos «esa leña hace humo», «no me haga sombra»; y empleadas estas locuciones para denotar las variaciones atmosféricas, se iguala el verbo a los impersonales: «hace frío», «hizo grandes calores»; por eso el acusativo se reproduce con un caso complementario: «Yo no sé cómo os habrá ido por ahí de calor; pero aquí le ha hecho (y aún le hace) tan recio, que lejos de haberme ido al campo he guardado la casa de día y de noche» (Moratín, Obras póstumas, tomo II, página 469).

«¿Cómo viene vuesancé?
—Con calor. —Hácelo a fe».

(Tirso de Molina, *Por el sótano y el torno*, I, 4)

Tomado el mismo hacer en el sentido de completar («tres y cuatro hacen siete»), se dice: «El día de hoy hace cuatro meses que no la veo»; esto es: «el día de hoy completa los cuatro meses»; de aquí el que no sea propio el uso de este verbo si no se trata de número fijo, y el que debiera preferirse haber en frases como «mucho tiempo ha que no la veo», por ser este verbo de significación más vaga. Parece, en efecto, que de tomarse en el sentido de tener cuando se aplica a la edad o duración, diciéndose «Ha muchos días que no ha venido», esto es, «tiene, lleva, ha estado muchos días en que no ha venido», pasó al uso impersonal, que ya tenía para denotar existencia.[397] Éste proviene sin duda de la fusión de frases sinónimas: «Hubo guerras en España» nace de «Fueron guerras en España» + «España hubo guerras», tomándose los dos verbos ser y haber en las acepciones antiguas de existir y tener. Esta fusión debía de verificarse ya en latín vulgar.[398]

En las locuciones explicadas es visible cómo ha ido oscureciéndose el sujeto y predominando el acusativo hasta venir a ser el objeto principal del concepto, o sea el sujeto psicológico; de ahí que por la tendencia natural a restablecer la armonía entre la fórmula psicológica y la expresión gramatical,

---

397 Los pasajes siguientes explican el uso del que y dan ciertos visos de posibilidad a la explicación propuesta: «Si nos queremos saber en quanto tiempo los ninnos pueden perder sus cosas, devemos contar los annos del ninno; é demas quantos annos a que los padres perdieron las cosas... Mas si por ventura el padre o la madre estudieron xxx annos que perdieron la cosa, los ninnos dalli adelantre non la puedan demandar» (Fuero Juzgo, IV, 3, 2). «Un día tuvo necesidad, porque había [como si se dijera llevaba] muchos que no hacía de su vientre cosa de provecho, que le recetase el médico una ayuda» (Hidalgo, Diálogos de apacible entretenimiento, II). Por supuesto que en este último ejemplo está haber empleado como impersonal.

398 En los primeros monumentos de la lengua se hallan usadas promiscuamente las construcciones normales y la que resultó de su fusión; verbigracia: «Grand alegría es entre todos essos christianos» (Cid, 1236); «Un monge beneito fue en una mongia» (Berceo, Milagros, 76); «El pueblo e la villa houo grant alegría» (Apolonio, 621); «El prado que vos digo avie otra bondat» (Berceo, Milagros, 11); «Ally son las especias, el puro garengal. / En ella ha gengiure, clauels...» (Alexandre, 1301); «Quantos que y son» (Cid, 3100); «Quantos que allí ha» (Cid, 1215).

124

se diga dieron las cuatro, hicieron grandes calores, hacen ocho días, y entre el vulgo y aun entre la gente culta de algunas comarcas, hubieron fiestas, habían cuatro días.

En la expresión chilena «Habían o hacían cuatro días a que no le veía» parece que la a se debe a la fusión de «Cuatro días ha» con «Hace cuatro días». No sé si este hecho sea el que presenta aquel verso de Juan de la Encina:

«E ha dos meses ha que llueve».

(Teatro, página 143)

Como nunca se dice ayer un año, hoy dos meses, me parece claro que en ahora un año no hubo originariamente elipsis sino sinalefa, por la cual el impersonal ha se incorporaba en el adverbio ahora. En Juan de la Encina se lee hora un año, desde agora dos años (Teatro, páginas 120, 221); en Lope de Rueda agora ha cinco años (Obras, I, página 124); en Santa Teresa ahora ha un año (Cartas, Riv. LV, página 2302), ahora un año (ibid LV, página 72, 2761). Esta contracción es idéntica a otras que se hallan en manuscritos y ediciones de los mismos autores: praga (a) Dios, agora (a) burlar (Encina, Teatro, páginas 93, 116); pluguiera (a) Dios (Santa Teresa, Vida, edición autografiada, página 28). Poco a poco ha ido cediendo el puesto haber en este sentido a hacer, y no percibiéndose ya la sinalefa, forman estas frases un caso curioso de aislamiento sintáctico, admitido por el uso común y corriente del siglo XVI acá. «Ya no está allí (la piedra); mas el obispo Pelagio, que la vio agora cuatrocientos años, la dejó puesta, refiriendo dónde estaba» (Ambrosio de Morales, Viaje, Oviedo). «Si éste no es leve argumento, ¿cuántos destos hay en España de piedras de ahora mil y seiscientos, y más antiguas escritas por españoles con letras latinas?» (Aldrete, Origen de la lengua castellana, II, 18). «En los escritores de ahora dos siglos, lejos de evitarse estas reproducciones viciosas, se buscaban y se hacía gala de ellas» (Bello, *Gramática*, § 157).

«Dónde andan...? —Ahora poco
Desfilaban de paseo

Por el jardín».

(Bretón, Un día de campo, I, 13)

Sobre las frases hace poco, muchos años hace, precedidas de preposición, véase adelante la nota 147.

105 (número 781). Las construcciones inglesa e italiana correspondientes a la nuestra de haber que expresa indirectamente la existencia (hay fiestas), difieren de ella en que no son impersonales, pues la cosa existente hace el oficio de sujeto.

106 (números 791-5). El uso de la construcción refleja en sentido pasivo aparece arraigado en nuestra lengua desde sus primeros monumentos: «Non se faze assi el mercado» (Cid, 139). «Este enganno non queremos que vala, ni que se faga en ninguna manera» (*Fuero Juzgo*, libro II, título V, I, VIII). «Et otrosí por este cuento, segunt dixieron los santos, hobo Santa Maria siete placeres muy grandes, del su fijo, que se cantan en santa eglesja» (*Partidas*, prólogo). «Responde el Rey que tiene por bien que se tome el servicio de los ganados en aquellos lugares do se usó e sse acostunbró de coger» (Cortes de Madrid, año 1339).

> «Muy pocas reynas de Grecia se halla
> Que limpios oviesen guardado sus lechos.»[399]

(Mena, Laberinto, 78)

Y así por todas las edades de la lengua hasta nuestros días.

Aplicábase de preferencia esta construcción a las cosas, por el riesgo que había de que refiriéndose a personas, se confundiese el sentido pasivo con el reflejo o recíproco. El ejemplo siguiente muestra cómo se prefería, para las personas, la pasiva formada con ser y el participio: «Por ende estableçemos que de aquí adelante en los pleitos que andodieren en la nuestra

---

399 Diez (Grammatik, 3, pág. 282) cita el primero de estos versos como ejemplo del verbo en singular con un nombre plural; pero parece que ha de construirse: «Se halla que muy pocas reynas de Grecia oviesen guardado...».

abdiençia en que se aya a dar sentençia definitiua, que aquel que ouiere de ffazer la rrelaçion que la trayga por escripto, ffirmada de su nombre, para que se ponga en el proçeso del pleito. Et que los procuradores e los abogados de los pleitos que sean llamados, e que se ffaga la rrelaçion ante ellos por vno de los oydores» (Cortes de Guadalajara, año 1390).

Con el tiempo fue aplicándose a personas la construcción reflejo-pasiva, quedando al contexto la determinación del sentido; en los siglos XVI y XVII se halla tal cual vez se mataban los cristianos, se degollaron los catalanes, por eran muertos, fueron degollados.[400] Por dos caminos se procuró aclarar la ambigüedad de estas frases: el primero, anteponiendo la preposición a al nombre del objeto que padece la acción: «Fue recibido con grandes juegos e danzas, como se suelen recibir a los reyes que de alguna conquista vienen victoriosos» (Crónica de don Juan II, año VII, capítulo XXI). Aquí se ve que el autor iba a escribir como se suelen recibir los reyes, pero resultándole el sentido diverso del que pensaba dar a la frase, porque reyes aparecía como agente, no tuvo otro medio de hacerlo paciente que anteponerle a, que, en cuanto al sentido, señala el blanco de la acción lo mismo en azotaron al ladrón que en dieron cincuenta azotes al ladrón. Semejantes frases no ofrecen dificultad en singular, porque desde antiguo se emplean como netamente

---

400 «Siendo (Plinio Segundo) gobernador de una provincia, y viendo la muchedumbre de cristianos que cada día se mataban, escribió al emperador Trajano una carta... dándole cuenta de la mucha gente que cada día moría sin cometer delito alguno contra las leyes romanas» (Granada, Símbolo, II, 12). «Que el señor del castillo era un follón y mal nacido caballero, pues de tal manera consentía que se tratasen los andantes caballeros» (Cervantes, *Quijote*, I, 3). «Prendiéronse también muchos ciudadanos, de los cuales mandó el gobernador ahorcar al siguiente día nueve por traidores» (Coloma, Guerras de los Estados Bajos, X). «Degolláronse todos los enemigos a vista de la ciudad» (el mismo, ibid, IX). «Montaner refiere, que en un mismo tiempo en todas las ciudades del imperio se degollaron los catalanes por orden de Andrónico y Miguel» (Moncada, Expedición, XXVIII). «Habiendo pues de ser nuestra materia participante de imitación, no se pueden sufrir aquellos que enseñando agricultura o filosofía o otras artes o ciencias quieren ser tenidos por poetas en lo que no hay imitación alguna» (Cascales, Tablas poéticas, I). Y todavía hoy como entonces ésta es la construcción que se usa con nombres de persona no determinados: «Se nombraron alcaldes», «Enviáronse reconocedores» (Moncada, Expedición, XXXVI). «Elíjanse en nuestros tiempos castos y humildes obispos» (Fernández Navarrete, Conservación de monarquías, discurso XXVIII).

impersonales: «El ser hermosa o fea una mujer es cualidad con que se nace, y no cosa que se adquiere por voluntad» (León, Perfecta casada, XX). «Es camino adonde se tropieza también, y se peligra y yerra» (el mismo, ibid, introducción).

> «Sin odio, en paz estás, sin amor ciego,
> Con quien acá se muere y se sospira».
>
> (Garcilaso, Elegía al Duque de Alba)

No así en plural a causa de la incongruencia que resulta de seguir concordando el verbo con lo que se ha convertido en complemento; de donde proviene que frases semejantes a la que arriba se copió son tenidas por incorrectas.[401] Fue el otro camino acudir a la semejanza de locuciones al tenor de se dice, se manda, se ruega, se hace agravio u ofensa, las cuales, teniendo sujeto gramatical, son ideológicamente impersonales, y llevan su complemento en dativo con a: se dice, se manda, se ruega a los niños que vengan; se hizo agravio a los vecinos; y reproduciendo el nombre, se le dijo, se les ruega. Por eso desde que aparecen con pronombre las frases verdaderamente impersonales, llevan le y les. Véanse los ejemplos más antiguos

---

401 No obstante, se encuentran ejemplos: «Fue rescebida con aquella solenidad que se acostumbran recebir a los nuevos reyes». (Memorial de diversas hazañas, VIII; R. 70, 72; en el manuscrito que poseo dice se acostumbra, cap. XXI). «También se desterraron a los que acompañaron el estandarte austriaco, el día de la aclamación de la corte» (Marqués de San Felipe, Comentarios, VII). «Tengo por sin duda que el día de hoy habría muchos con quien fuese necesario usar del breve (del Papa para compelerlos a aceptar), si se diesen por inhábiles a los que frecuentando las casas de los consejeros y valiéndose de favores, se juzgan capaces de tan alto ministerio» (Fernández Navarrete, Conservación de monarquías, XXVIII; lo mismo en la redacción primitiva de 1621, fol. 35 v.º). «Ordeno que no se propongan para las cátedras a los que ejerzan la judicatura del estudio de la Universidad» (Novísima Recopilación, lib. VIII, tít. IX, I, XXII; esta ley es de 1765; en el título se lee la misma construcción; pero más abajo dice: «No se incluya en la proposición a los que...»). «Se declararon por tiranos a todos cuantos con semejantes pretextos habían hecho guerras y sujetado esclavos» (Quintana, fray Bartolomé de las Casas). «Se vieron trepar aquel día por aquellos agrios recuentos a más de mil pobres ciegos, cojos, mancos y tullidos» (Ángel Saavedra, *Masanielo*, lib. II, cap. II).

que tengo anotados y que rectifican lo que dice nuestro Autor (número 793, nota) sobre la edad de estas construcciones:[402] «Al rucio se le dará recado a pedir de boca, y descuide Sancho, que se le tratará como a su misma persona» (Cervantes, *Quijote*, II, 31). «Al ingrato que no lo hace así, se le debiera castigar con privarle de las mercedes y de los honores» (Fernández Navarrete, Conservación de monarquías, XIX). «Platón dijo que los que llegando a treinta años estuviesen sin casarse, se les castigase en pena pecuniaria» (el mismo, ahí mismo, XVI). «De otro delito se le acusa» (Tribunal de la justa venganza, especie de libelo contra Quevedo). «Se le convida» (Solís, Eurídice y Orfeo, III). «Se le debe castigar» (Santos, El no importa de España, XI). «Se les castiga (Documentos de 1666 o 1667, en Pellicer, Histrionismo, I, página 274). Del pronombre femenino no tengo ejemplos tan antiguos; pero aunque el uso más general en España es poner en estas frases la y las, no son raros le y les, lo cual arguye preferencia por el dativo: «No ser justo que a aquellas solas se les obligue a que se arreglen en la marca, cuento y peso a dichas antiguas leyes y ordenanzas» (Novísima Recopilación, libro VIII, título XXIV, I, V: del año 1777). «Se les provea de ministros» (a las iglesias) (ibid I, 13, 6). «En este punto no bastará desagraviar la propiedad con la libertad de los cerramientos, si no se le reintegra de otras usurpaciones que ha hecho sobre ella la legislación» (Jovellanos, Ley agraria, utilidad del cerramiento). «Muchas personas piadosas reparan con su devoción esta irreverencia, pues de cuando en cuando se les ve venir[403] en derechura de la ciudad o desta-

---

402 No sé qué desconfianza inspira ejemplo tan antiguo como éste del ordenamiento de las Cortes de Burgos de 1515, según lo publica la Academia de la Historia: «Se les mandó presentar los poderes a los procuradores, que lo hicieron ante el secretario y escriuano sobredichos de Cortes, y luego se les citó por el dicho obispo para el día siguiente a las dos de la tarde» (Cortes de León y de Castilla, IV, pág. 246).

403 En estas frases con un infinitivo hay a veces una confusión o asimilación: dícese la oigo quejar y le oí un quejido; en pasiva se le oyó un quejido y también se le oyó quejar. «A ninguno de estos canónigos se les oye quejar de la cortedad de su renta» (Joaquín Lorenzo Villanueva, Vida literaria, tomo II, pág. 341). «Y si ella niega que él piensa en ella, sostenerlo de firme, hasta que acosada, aturdida, aburrida, se le haga saltar y tome una resolución» (Hartzenbusch, La coja y el encogido, acto II, esc. III). De una manera semejante a las niñas se les enseña la doctrina y se les enseñaba a leer de corrido (Valera, Comendador Mendoza, II). Véase la nota 133. [Adición manuscrita del mismo Cuervo al margen de su

carse del paseo sin otro objeto que el de rezar a San Alonso» (el mismo, *Memorias* del castillo de Bellver). «No se les trata así» (a las mujeres) (Ramón de la Cruz, El sastre y el peluquero). «Se le pellizcó y murmuró» (a la declamación) (Vargas y Ponce, Declamación contra los abusos introducidos en el castellano). «Se le excita... se le estrecha» (a la bestia) (Banqueri, Libro de Agricultura de Ebn-el-Awam, II, página 540). «Así pudieron (las parteras) justificar con verdad y sinceridad la desobediencia de que se les acusaba» (Scio, Éxodo, I, 19, nota). «Por eso se obligó a la Junta a que dirigiese a Josef Napoleón una carta... Por eso se le estrechó a que enviase sus diputados para renovar a presencia del intruso las seguridades de su lealtad» (Reinoso, Examen de los delitos de infidelidad a la patria, capítulo XXV). «Si se dejase a las abejas toda la miel que elaboran, rara vez les faltaría el sustento; pero por lo común se les despoja de ella con tan poca consideración, que las exponemos a morir de hambre» (A. Pascual, Anotaciones al capítulo II, libro V de la Agricultura general de Herrera). «Se le llama filia principis» (a Sulamitis) (González Carvajal, Libros poéticos de la Santa Biblia, VII, páginas 16, 19). «Se le atajara» (a la profusión) (Oliván, Discurso Academia Española, I, página 19). «Águeda se levantó con intención de irse, y solo pudo retenerla la seguridad que recibió de que no se le volvería a importunar» (Fernán Caballero, Simón Verde, V). Ni éstos son hechos aislados; en mucha parte de la América española, si no en toda, el uso común y corriente es decir se le, se les para el masculino y el femenino.

Con respecto a le masculino jamás ha habido duda; la, las han llegado a predominar notablemente sobre le, les; entre les y los la competencia se ha ido aumentando desde fines del siglo XVIII pero indudablemente les es todavía más usual aun entre los españoles. De ochenta y cinco pasajes (fuera de los citados arriba) que he anotado a medida que se han ido presentando, sesenta y dos llevan les y son de estos autores: La Academia (1726), Feijoo, Ramón de la Cruz, Nasarre, Baíls, Tomás de Iriarte, Jovellanos (tres), Moratín hijo, Azara, Conde, Clemencín, Martín Fernández de Navarre-

---

edición de 1907: «No es acreedora (la comedia de Lope, Amor con vista) ciertamente al desdeñoso olvido en que se le ha dejado por todos los editores de nuestro gran dramático» (Advertencia preliminar al tomo VI de la Colección de libros raros o curiosos, pág. XI)]. (Comisión editora. Caracas) te, Joaquín Lorenzo Villanueva, González Carvajal, Quintana, Gallego, Lista, Reinoso, Hermosilla, Javier de Burgos, Flórez Estrada, Miñano, Toreno, Martínez de la Rosa, Ángel Saavedra, Salvá, Donoso Cortés, Gil y Zárate, Pidal, Aureliano Fernández Guerra, Mesonero, Patricio de la Escosura, Vicente de la Fuente, Emilio Lafuente Alcántara y Menéndez Pelayo;[404] y veintitrés hay de los, sacados de Jovellanos (cinco), Quintana, Toreno, Fermín Caballero, Ángel Saavedra, Balmes, Fernán Caballero, Pedro de Madrazo, Vicente de la Fuente, Pedro Antonio de Alarcón y Menéndez Pelayo. Todo esto concurre a probar, en mi concepto, que el instinto común de los que hablan castellano tiende a emplear el dativo en estas frases. Pero si el complemento con a que apareció el primero es indiferente de suyo e igualmente acomodado como dativo o acusativo para determinar el blanco de la acción, objeto único con que en un principio se empleó la partícula, ¿qué motivos obraron en la preferencia de las formas dativas del pronombre? En primer lugar, cuando empezaron a usarse las locuciones cuestionadas, estaban ya arraigadas las otras se lo quita, se la entrega, se los alaba, con sentidos diferentes en que el se es dativo y el lo acusativo de cosa; en las nuevas el se ya no era dativo y el otro pronombre debía designar una persona; hubo pues necesidad de decidirse por aquellas no menos comunes, se le ruega, se les manda, en que el segundo pronombre señala la persona, quedando el se como signo de

---

404 En la Novísima Recopilación no se me ha deparado se los, y sí con frecuencia se les. La Academia usa se les en el Diccionario, 13.ª edic., s. vv. cinchera, destetar. En el tomo XXV de la Biblioteca de Rivadeneira, pág. 231, se lee como sigue este pasaje de la Empresa VII de Saavedra: «Perturbada y ofuscada la razón, desconoce la verdad, y aprehende las cosas, no como son, sino como se las propone la pasión; de donde nace la diversidad de juicios y opiniones y la estimación varia de los objetos según la luz a que se les pone»; se los dicen cinco ediciones anteriores que tengo a la vista (Munich, 1640; Amberes y Amsterdam, 1659; Valencia, 1675 y 1800); pero es evidente que esta combinación es ahí idéntica a la anterior se las, esto es, de dativo y acusativo oblicuos. El editor novísimo no supo, pues, interpretar el pasaje; cosa nada extraña, como que en la misma columna dejó pasar un ellas por ellos y no corrigió el Epitecto de las impresiones anteriores. [Adición manuscrita del mismo Cuervo, al pie de página: «Se les mira» (Sedano, Parnaso Español, 5, III)]. (Comisión editora. Caracas)

impersonalidad.[405] Además, en el sentido impersonal la tradición sintáctica, a que el instinto popular es tan fiel, hacía sentir siempre un acusativo[406] en el pronombre reflejo, y no fue posible introducir otro acusativo. ¿Pues cómo, se preguntará, se ha extendido el la y las y el los en lugar de le, les? Cuando empezó a generalizarse esta construcción cayó en manos de furibundos laístas, como Isla[407] y Moratín, que por ningún caso admitirían un le femenino, y acreditaron el se la, se las en perjuicio del se le, se les; influencia que poco se sintió en América, donde el laísmo por buena dicha es desconocido. En cuanto al los, sabido es que con suma frecuencia ha sido y es usado por los castellanos como dativo (los echó la bendición, los atraviesa el pecho); con tal valor pudo introducirse en estas frases, y ayudando la analogía de las personales como uno los oye, alguien las oyó, ha ido ganando terreno. La confusión de los casos que del leísmo se ha originado entre los castellanos no permite adivinar si ellos sienten en la construcción impersonal un dativo o un acusativo; pero de todos modos el las como el los aparecen en la historia de ella como igualmente abusivos, aunque el primero cuenta en España con más autoridades.[408]

Finalmente, considerado atentamente el origen, desenvolvimiento y estado actual de estas construcciones, es patente que no pertenecen a la sintaxis normal y que caen por fuera de los esquemas de las gramáticas vulgares, ofreciendo uno de aquellos grados del movimiento sintáctico que el filólogo señala y explica históricamente, pero que no puede construir por los principios de lo que se llama análisis lógico. En prueba de ello citaré la argumentación de que se vale la Academia para desterrar el les y afianzar el los: «si les», dice, «fuera dativo en a los delincuentes se les acusa, subsistiría al

---

405 «A los primeros se les habla con el sombrero en la mano y se les trata con respeto; a los segundos se les oye o se les manda con la gorra calada, y se les trata de tú» (Isla, Fray Gerundio, al público).

406 La Academia reconoce paladinamente que este se es acusativo (*Gramática*, parte II, cap. IV; págs. 243, 244, edición de 1895).

407 De Isla es el ejemplo más antiguo que tengo de la construcción aplicada al femenino (Día grande de Navarra, 1746; R. XV, 231).

408 Adición manuscrita de Cuervo, al margen de su edición de 1907: «Se les. Academia, Diccionario: Grillera». (Comisión editora. Caracas)

volver la frase por pasiva, cosa que no sucede, pues la pasiva de dicha frase es los delincuentes son acusados».[409] Dejada aparte la idea de volver por pasiva una frase que histórica y virtualmente ya lo es, idea casi tan inaceptable como que «un árbol es cortado» fuese la pasiva de «se corta un árbol», basta observar que, según la misma Academia se es en estas construcciones acusativo, y también desaparece. No se trata pues aquí de una oración primera de activa, y por tanto la argumentación no concluye; y si concluyera, podría decirse indistintamente se le o se lo castiga, supuesto que el acusativo de él es le o lo. Acaso sería bien que la Academia no decidiese dogmáticamente este punto, y que dejase la resolución, como lo ha hecho en la elección del acusativo le o lo, al único que tiene la clave para estos misterios del movimiento del lenguaje: el instinto popular, o sea el uso.

Para realzar más el indeciso carácter sintáctico de estas expresiones, añadiré algunas particularidades de que se hallan ejemplos en nuestros buenos autores.

A pesar de la forma y el sentido impersonales, no repugnan estas construcciones un predicado, las más veces alusivo a persona determinada. «Hoy se vive de una manera, y mañana de otra, y cada día de la suya, agora alegre, y luego triste, y después enfermo» (León, Exposición de Job, capítulo III, versículo 19). «Dejeme dormir, pero como no se duerme bien sentado, caíme de lado como una cosa muerta» (Espinel, Escudero, rel. I, desc. X). «Con libertad se ha de andar en este camino, puestos en las manos de Dios. Si su Majestad nos quisiere subir a ser los de su cámara y secreto, ir de buena gana; si no, servir en oficios bajos y no sentarnos en el mejor lugar» (Santa Teresa, Vida, XXII). «Estando pensando una vez con cuánta más limpieza se vive estando apartada de negocios, y cómo cuando yo ando en ellos debo andar mal y con muchas faltas, entendí...» (la misma, Relación III). «El camino por la abadía y villaje de San Lamberto... traía las mismas dificultades, y aun mayores, porque o se había de ir pegado al bosque o apartado dél; si se iba junto al bosque ocupado por el enemigo (como era cierto que le había de ocupar en desalojando el campo español) podía desde él ofen-

409 Adición manuscrita del mismo Cuervo al ejemplar de su edición de 1907: «La idea de aplicar al esclarecimiento de estas frases el volverles por pasivas es cosa de Martínez López (Principios de la lengua castellana, pág. 19, París, 1840)». (Comisión Editora. Caracas)

derle por el costado..., si se marchaba apartado del bosque, era evidente la dificultad y el peligro de cubrir tanto bagaje y artillería con tan poca gente» (Coloma, Guerras de los Estados Bajos, VII). «Si no fuera por estos sustos, nada me quedaría que apetecer; pero ¿en qué rincón de la Península se vive tranquilo?» (Moratín, Obras póstumas, tomo II, página 226). Hoy no se usa la concordancia del predicado con el nombre de la persona a quien se alude, y en general se tilda esta construcción como galicismo, aunque, por lo visto, sin razón. No obstante, con ser y estar semejante combinación es en nuestra lengua inaceptable, porque el predicado que puede tomarse como modificación adverbial con verbos significativos de actos materiales y concretos, con aquéllos supone un sujeto en el cual resida como cualidad o modificación. Es sin duda un barbarismo: «Cuando se está rico, se es cruel con los desvalidos».

El gerundio no se refiere a otros casos que al nominativo y al acusativo (véase la nota 72), y sin embargo puede juntarse con el complemento de estas construcciones, por más que su carácter no sea perfectamente definido:

> «Allí se mira
> A Dafne huyendo de Apolo».

(Moreto, El desdén con el desdén, jornada I, cita de Caro)

> «Veíase a Roger armado sobre la popa de su galera animando a
> sus capitanes y dirigiendo sus movimientos».

(Quintana, Roger de Lauria)

107 (número 800). Para la explicación de este giro (en llegando que llegue) dan luz los pasajes siguientes de Cervantes: «Te hemos venido a buscar a tu ermita, donde no hallándote, como no te hallamos, quedara sin cumplirse nuestro deseo, si el son de tu arpa y de tu estimado canto aquí no nos hubiera encaminado» (Galatea, V); «Le encargaban mucho que no dijese a su amo que los conocía; y que si le preguntase, como se lo había de preguntar, si dio la carta a Dulcinea, dijese que sí» (Quijote, I, 27); «Como ésta

pida a su hija, que sí pedirá, hable a la hermana del fraile... sin duda alguna se podrá esperar buen suceso» (*Novelas*, VIII); «Ellos lo dirán, si quisieren, que sí querrán, porque es gente que recibe gusto de hacer y decir bellaquerías» (*Quijote*, I, 22); «Lo que te ruego es, señora mía, que, cuando la buena suerte quisiere, que sí querrá, que te veas en tu estado, y mis padres aun fueren vivos..., les digas cómo yo muero cristiana» (*Persiles*, I, 5); «Si es que su merced del señor oidor la trae, que sí debe de traer, entre en buen hora» (*Quijote*, I, 42); «Al volver que volvió Monipodio, entraron con él dos mozas» (*Novelas*, III); «Jura que al volver que vuelva al Andalucía, se ha de estar dos meses en Toledo» (*Novelas*, VIII). Échase de ver que el que fue en un principio conjunción causal, que introducía una frase parentética confirmativa;[410] ligada ésta íntimamente con la anterior, se acomodó a la forma de frases semejantes, cuando vino a aplicarse a lo futuro: «en llegando que llegó» pasó a «en llegando que llegue», como «luego que llegó» a «luego que llegue». Nuevo ejemplo de este andar paulatino del lenguaje que, cuando menos se piensa, lleva ciertas frases a un punto en que no se ajusta a los modelos conocidos ni pueden analizarse por las reglas vulgares.

108 (número 801). Así... como se usa para expresar negación, comparando lo que se niega con una cosa que se reputa por imposible o absolutamente falsa. a) Contrapónense dos frases de igual estructura: «En oyendo cosas de caballerías y de caballeros andantes, así es en mi mano dejar de hablar en ellos, como lo es en la de los rayos del Sol dejar de calentar, ni humedecer en los de la Luna» (Cervantes, *Quijote*, I, 24); «Así escarmentará vuestra merced —respondió Sancho—, como yo soy turco» (idem, ibid, I, 23); «Bien puedes darte paz y sosiego en esto de creer que son los que dices, porque así son ellos, como yo soy turco» (idem, ibid, I, 47). b) Pónese el segundo verbo

---

410 Otros ejemplos: «Si cosa hay (que sí hay), por la cual el Apóstol San Pablo llama a Dios Dios de toda consolación y Dios de solaz, es por el consuelo que da con dar a su Hijo en manjar» (Ávila, Tratado de la Eucaristía, VI). «Pues la libertad con que en estas comedias se hacen las sátiras a diferentes estados de gente y naciones, que por fuerza han de engendrar odio contra la española, y más que se les hará creíble que Vuestra Majestad lo tolera, siendo, que es, en su corte» (Lupercio de Argensola, Memorial contra la representación de las comedias). Tal debe ser también el origen de aquellas cláusulas absolutas «libre que se vio», «juntos que fueron», «concluida que tuvieron la obra», «leído que hubo la carta» (*Gramática*, números 1123-5).

en infinitivo. La forma sustantiva en que aparece el segundo término de la comparación, lo presenta como una cosa de suyo imposible con la cual se compara lo que se niega: «Por Santiago de Galicia, señor Lorenzo, y por la fe de cristiano y de caballero que tengo, que así deje yo salir con su intención al duque como volverme moro» (Cervantes, *Novelas*, X); «Así le daré yo mi comedia como volar» (idem, Coloquio); «Así la consentiría yo como darme de puñaladas» (idem, *Quijote*, II, 33); «Así dejaré de irme como volverme turco» (idem, ibid, II, 53); «Así lo creeré yo, como creer que ahora es de día» (idem, ibid, II, 9); «Así pienso llover como pensar ahorcarme» (idem, ibid, II, 1). Bello analiza así esta frase: «Así pienso el pensar llover como el pensar ahorcarme». Los pasajes que quedan citados antes de éste demuestran lo infundado de tal explicación (Cuervo, Diccionario de construcción y régimen, tomo I, página 699).

109 (número 839). En época reciente se ha tratado de introducir la práctica de concordar en plural el adjetivo que precede a varios sustantivos apelativos de cosa, pero disuena notablemente, como se ve por este pasaje de un escritor estimado: «La principal consideración que me ha decidido por el (método) que verá el lector, ha sido la de procurar sus mayores comodidad y agrado».

110 (número 849). Por más razonable que parezca la concordancia con la tercera persona en frases como «yo soy el que lo afirma», hay circunstancias en que es imposible, como en este lugar de fray Luis de Granada: «Vos sois el que mandáis que os pidamos, y hacéis que os hallemos, y nos abrís cuando os llamamos»; pues si se pone vos sois el que manda, no se sabe cómo seguir, si que os pidamos o que le pidamos: lo primero no es aceptable porque la persona que manda es la misma a quien se ha de pedir; lo segundo menos, porque lo que inmediatamente se ocurre es que la persona a quien ha de pedirse es diferente de las demás que aparecen en la oración. Otras veces, estando el espíritu fijo en un solo objeto, la énfasis y el calor del estilo no permiten que se distraiga la atención usando dos expresiones gramaticales. Cuando el moro Zaide, al oír de boca de su amada que le deja por otro, le recuerda sus promesas diciéndole:

«Tú eres la que dijiste

En el balcón la otra tarde:
Tuya soy, tuya seré
Y tuya es mi vida, Zaide»;

¿será posible que estando a un tiempo los ojos y el alma clavados en una sola persona, el lenguaje represente dos? La regla de la concordancia en tercera persona me parece de general y oportuna aplicación en los protocolos y en las gramáticas, pero puede no ser tan rigurosa en el estilo apasionado y fervoroso.

Por otra parte, los que exigen la concordancia en tercera persona no reparan en la dificultad que ofrece el género: ¿una mujer dirá, según esos principios, «Yo fui la que estuvo enferma, y no Andrés», o «el que estuvo enfermo»? Para satisfacer a esta lógica sería menester echar mano de otro género que no fuera masculino ni femenino y cuadrara con esa tercera persona indeterminada. Con todo, debe confesarse que, siendo la frase negativa, el modo común tampoco satisface, y que lo mejor es valerse de otro giro.

111 (número 853). En algunos puntos de Colombia se oye todavía decir una poca de agua, a la manera que Santa Teresa dijo esa poquita de virtud (Vida, XXXIX). Pero esta construcción no era peculiar de poco; admitíanla otras voces de cantidad: muchas de cortesías (Cervantes, *Quijote*, II, 72); le dijo tantas de cosas (idem, ibid, I, 32).

112 (número 857). En frases negativas se usa ninguno con un valor análogo:

«Ya has visto
Que lo sé todo, y que es fuerza,
No siendo yo ningún tonto,
Que esto me enfade y me duela».

(Moratín, El viejo y la niña, III, 3)

113 (número 862). Me parece conforme con el uso actual la regla que da el Autor sobre el empleo de uno cuando reproduce un sustantivo precedente; sin embargo, nuestros clásicos no la observaron siempre, probablemente

llevados por la analogía de lo que sucede con el artículo definido, en el cual no cabe la misma distinción; como vemos en la misma fábula de Samaniego, donde más abajo se escribe hablando del ratón:

«¡Esto tenemos! —dijo el campesino.»

Véanse algunos ejemplos del uso antiguo: «Posible cosa es que un sabio use templadamente de un precioso manjar, y que el no sabio venga a destemplarse en la comida de un muy vil» (Granada, Memorial de la vida cristiana, IV, 2, § 4). «Más fácilmente hacen su fortuna con un príncipe divertido que con un atento» (Saavedra, Empresa XX); «Un mismo negocio se ha de escribir diferentemente a un ministro flemático que a un colérico, a un tímido que a un arrojado» (idem, Empresa LVI). «Suele ser más dañoso al príncipe elegir un ministro bueno que tiene mal secretario, que eligir un malo que le tiene bueno» (idem, ibid).[411]

> «A Plutón con un negro toro, herido De su mano, solícito invocaba; Al Tibre con un blanco».
>
> (López de Zárate, Invención de la Cruz, III)

114 (número 871). No hay para qué atribuir a licencia poética la falta del artículo delante de Moncayo en el pasaje de Lupercio; en prosa escribió Mariana «No lejos de Moncayo» (*Historia General de España*, I, 3), y hoy se dice en Aragón «el somontano de Moncayo» (Borao); así que Bretón pudo poner en lenguaje no solo familiar sino vulgar:

> «Aunque se hundiera Moncayo
> No hay más padre ni más diantre

---

411 Cuervo agrega en nota manuscrita al ejemplar de su edición 1907, los siguientes ejemplos: «No es menor dificultad enriquecer un sujeto, al parecer, pobre, que recogerse en un rico» (Sigüenza, Historia de la Orden de San Jerónimo, II, I, I); «Pintó un gallo un mal pintor, / Y entró un vivo de repente, / En todo tan diferente / Cuanto ignorante su autor» (Pacheco, Parnaso Español, de Sedano, III, 117). (Comisión editora. Caracas)

Que mi... De hoy en adelantre
Haré de mi capa un sayo».

(Don Frutos en Belchite, III, 3)

115 (número 878). En algunos complementos se usa el posesivo pospuesto al sustantivo y no precede a éste el artículo, verbigracia: por causa tuya, por obra suya, a pesar mío.

116 (número 900). En el lenguaje gramatical se usa la preposición a delante de una palabra que se nombra a sí misma: «Cuando decimos el profeta rey, la dama soldado, rey especifica a profeta, soldado a dama» (*Gramática*, número 59).

117 (número 905). En lo antiguo se solían separar del verbo los afijos, mediando una o más palabras, según se ve en este pasaje de Pero López de Ayala:

«A ti alço mis manos e muestro mi cuydado,
Que me libres, Sennor, non pase tan cuytado,
Ca si me tu non vales, fincaré oluidado;
Et a ti loor non es que digan me perdí,
Pues a tan alto Sennor yo so acomendado,
Con quien yo me fasta agora de todos defendí».

(Rimado de palacio, 720)

118 (número 911). Díjose antiguamente membradvos, salidvos y cuando se empezó a quitar la v de vos, quedó salidos, de la cual ofrece ejemplo Santa Teresa diciendo: «Atapados los ojos» (Vida, X, página 98 del facsímile); también Pérez Sigler, traduciendo a Ovidio, dice:

«Levantados al beso mío postrero
Y el hijo me llegad que tanto quiero»;

(Metamorfosis IX, verso 386 del original; Burgos, 1609)

en dos pasajes de libros de caballería citados por Clemencín se observa lo mismo: «Desdecidos de la locura que dijistes, e conoced que merece más mi señora que no la vuestra» (Florambel de Lucea, libro III, capítulo XXV); «De hoy más llamados mío» (Lisuarte de Grecia, capítulo VI).

En el Cantar del Cid se hallan metedos (verso 986) y levantados (verso 2027).[412]

Con ir fue vario el uso; fray Luis de Granada dijo: «Íos, íos de aquí, padres, íos y dejad a este dragón que me acabe de tragar. Íos luego todos, y apartaos de aquí» (*Guía* de pecadores, I, 10); y Lope de Vega:

> «Sancho, si queréis llorar,
> Íos mucho en hora mala
> Al rollo que está en las eras.»
>
> (La hermosura aborrecida, II, 9)

119 (número 914). La eufonía ha hecho igualmente que se suprima la s final de la primera persona de plural antes del enclítico nos, verbigracia sentémonos, vámonos, según lo advierten la Academia y Salvá; y aunque no recuerdo lo digan los gramáticos, creo que lo mismo sucede antes de os y se, verbigracia: «Descortésmente lo hacéis; sufrímooslo porque vos no sufráis nuestras importunas preguntas» (Diálogo de la lengua);[413] «Suplicamos con todo nuestro corazón nos lo quitéis todo» (Ávila, Tratado V de la Eucaristía); y en combinaciones como digámoselo, traigámosela, habéiselo, si bien debo advertir que estos últimos los he hallado también escritos con dos eses. Igualmente desaprueba el oído la unión del enclítico os con la

---

412 En el pasaje de la Señora Cornelia de Cervantes que cité en las ediciones anteriores, la primitiva de 1613 dice apercebíos y no apercebidos (fol. 214 v.º); la veneciana (1574) de la Diana de Alonso Pérez lee: «Andados pues a burlas, amadores» (lib. I, pág. 15); y la de Barcelona, 1614, andaos (pág. 251). Pudiera citar otros casos de variantes parecidas.

413 Así imprimió este pasaje Mayans, Orígenes, II, pág. 77; pero sin duda ahí no se representa sino el uso del editor o de su tiempo, porque las ediciones de Usoz y de Boehmer prueban que Valdés debió de escribir sufrímososlo.

tercera persona de plural, por el particular esfuerzo que se requiere para no decir nos: «Bendito seáis por siempre, Señor; alábenos todas las cosas por siempre» (Santa Teresa, Vida, capítulos XVI y XVIII); «Decidme, amigos, ¿cautivastes juntos, lleváronos a Argel del primer boleo, o a otra parte de Berbería?» (Cervantes, *Persiles*, III, 10).

120 (número 916). También sucede que se juntan con un solo verbo enclíticos que pertenecen a dos: en lugar de fuéronse a mirarlo, estábase mirándolo, dice Cervantes: fuéronselo a mirar, estábaselo mirando, «Se los quiso reprimir» (Quintana, Gran Capitán).

121 (número 930). Conforme a la etimología, las formas la, lo, las, los son acusativos netos, como que continúan los casos latinos illam, illum, illas, illos; le, les son dativos de los dos géneros como sus originales illi, illis.[414] La conformidad del uso con la etimología ha perseverado en la mayoría de los pueblos que hablan nuestra lengua; pero en Castilla y León comenzaron desde temprano a confundirse los casos, tomándose primero le como acusativo en lugar de lo masculino, luego les por los, y finalmente la, las, y lo, los por los dativos le, les. Según lo dan a entender sucesivamente los monumentos literarios, no predominó el le por lo en Castilla hasta el siglo XVI, y la influencia de la Corte, tan natural en las letras como en la moda y en la política, lo ha extendido más o menos en el lenguaje culto y literario de las demás comarcas. Les, acusativo, ha sido usado por los que sirviéndose de le, han de ver en aquél el plural regular de éste. La y las, dativo (en particular el primero), es también muy común en las Castillas y en León, aunque mucho menos frecuente que le por lo en el lenguaje literario. Usanza también de los castellanos (todavía menos extendida que las anteriores) ha sido decir los por les (los pegó fuego); lo por le (lo deshizo las narices) solo se oye entre el vulgo de los mismos.

Ya en el siglo XVI comenzaron las disputas entre leístas y loístas, que en cierto modo pueden mirarse como manifestación de antagonismo entre las provincias y la capital, y que han durado hasta nuestros días, sin que lleven

---

414 Las formas li, lis usadas por Berceo eran masculinas y femeninas: «Atauanli las manos, de açotes lo batieron» (Loores, 63); «Solo que lis disso: yo so el que buscades» (ibid, 60); «Demandolis (Oria a las vírgenes) qui eran, e fue bien aforcada. Fablaronli las vírgenes de fermosa manera (*Santa Oria*, 31-2).

trazas de terminarse. Lo peor del caso es que ofrecen escasísimo interés científico, por ser ajenas a todo examen histórico y a consideraciones fundadas en verdaderos principios gramaticales. Baste decir que el caballo de batalla de los leístas ha sido que en las palabras de tres terminaciones, como este, esta, esto, la en e es siempre masculina y la en o neutra, de donde sacan por consecuencia que en las tres terminaciones del acusativo le, la, lo ha de ser la primera masculina, y neutra la tercera. Hanse olvidado de que en los demostrativos las tres terminaciones corresponden al nominativo latino, mientras que el acusativo del pronombre nace del acusativo, que da para los tres géneros lo, la, lo; y tampoco han reparado en que el oficio de acusativo es adventicio en el le, pues que, según su origen y primitivo uso es dativo; de modo que no hay paridad en la comparación, y el argumento contiene en realidad una petición de principio. Las razones de decencia, que también se han alegado, entre otros inconvenientes tienen el de probar que no debe usarse tampoco el neutro lo.

El dativo la y las ha sido defendido desde Correas (1627) hasta Hermosilla y A. Valbuena en nuestros tiempos, como provechoso a la claridad; pero me parece muy probable que los primeros que lo emplearon no obedecieron a esta consideración, sino que la confusión del acusativo y dativo en las formas le, les, trajo por consecuencia el empleo de lo, los, y la, las en el mismo doble oficio.

La Academia en la 4.ª edición de su *Gramática* (1796) dio un atrevido paso en contra de los castellanos y en favor del uso etimológico: excluyó el dativo femenino la, las,[415] el acusativo les y el dativo los; solo en el uso del le y el lo para el acusativo masculino se mostró intransigente, condenando el lo no solo para lo venidero sino en las obras de Granada, Cervantes y demás autores que lo han empleado. Pero no era fácil alcanzar obediencia en punto semejante, porque una cosa es condenar defectos individuales o de data reciente, y otra proscribir un uso inmemorial, fundado en la etimología, seguido por una mayoría inmensa de los que hablan la lengua, y relativo a las palabras de uso más frecuente, de orden puramente ideológico y que

---

415 Tan dueños del campo se juzgaban por entonces los laístas, que Iriarte, censurando el Batilo de Meléndez, tachaba el le femenino del verso 5.º diciendo: «Convendría decir la y no le, según el buen uso ya establecido en el día» (Obras, VIII, pág. 47; Madrid, 1805).

por consiguiente brotan de los labios sin que uno se dé cuenta de ello. En consecuencia la autoridad de la Academia en lugar de acallar las altercaciones, las avivó, sin que en la práctica sus decisiones tuviesen efecto alguno. En vista de esto propuso Salvá una transacción que consistía en «usar del le si el pronombre se refiere a los espíritus u objetos incorpóreos y a los individuos del género animal, y del lo cuando se trata de cosas que carecen de sexo y de las que pertenecen a los reinos mineral o vegetal»; doctrina que Bello acogió, diciendo que le representa más bien las personas o los entes personificados, y lo las cosas; en la 1.ª edición de la *Gramática* dijo que esto parecía «lo más conforme al uso»; expresión que después atenuó diciendo le parecía «aproximarse algo al mejor uso». De estas dos fuentes se ha derivado la regla a muchas gramáticas, así de españoles como de americanos, y aun la Academia misma ha dado muestras de inclinarse a prohijarla; si bien en su *Gramática* (1904) consigna de nuevo la libertad absoluta que para el uso de las dos formas había reconocido en 1854.

Me parece que en esta cuestión se ha olvidado un punto de suma importancia, y es que el uso popular y familiar de las dos formas no es simultáneo en iguales proporciones en todos los dominios del castellano; en Madrid, como generalmente en las Castillas y en León, predomina de tal manera el le, que los escritores de esa región por rareza dejan pasar un lo, según puede comprobarse en las obras de Santa Teresa, Mariana, Quevedo, Lope, Calderón, hasta Moratín, Núñez de Arce y Tamayo y Baus. Fuera de ahí, y particularmente en Andalucía y en América, predomina el lo; pero la influencia de la capital por una parte y la de la literatura por otra, hacen que los loístas de nación al hablar o escribir esmeradamente usen el le con más o menos frecuencia, lo mismo que se valen de tantas otras voces y giros comunes en los libros, pero ajenos del habla familiar. La regla, pues, que se ha dado para la elección del le y el lo ha podido sacarse de los castellanos, que a todo trance prefieren el primero, ni de los demás que, lejos de la influencia de ellos, solo dicen lo. Es de creerse que en Castilla subsisten vestigios del antiguo loísmo, y aun puede concederse que las causas que produjeron el leísmo se hicieran también sentir en tiempos remotos en los países circunvecinos; pero en las comarcas rayanas de los dos dominios es donde han de estar realmente mezcladas las dos formas, como se mezclan en las obras de escritores oriundos de allí, o que hechos al lo desde su infancia, después se han contagiado de leísmo o por los libros que leen o por las personas con quienes comunican; y esta confusión es donde han de rastrearse las consideraciones que determinan la preferencia de una u otra forma; aunque para mí tengo que es poco probable que todos obedezcan a unos mismos motivos o más bien a algún motivo. Precisamente me confirman en esta idea los mismos autores, Clemencín y Villanueva, con que Salvá tímidamente apoya su teoría, deduciendo solo que los buenos escritores por una especie de instinto y sin cuidarse particularmente de ello se arriman las más veces a seguirla. Clemencín, murciano, dice (Comentarios, VI, pág. 170) que el uso actual de las personas cultas prefiere el lo cuando se habla de cosas inanimadas, y alterna entre le y lo cuando se designan cosas animadas, regla diferente de la de Salvá, y que él practica usando las dos formas en una misma frase refiriéndolas a personas, y que olvida con respecto a las cosas, pues también las representa con ambas, sin que logre yo siempre adivinar el motivo de la preferencia en cada caso. Villanueva, jatibés, mucho más leísta que Clemencín, rarísima vez pone el lo con referencia a persona y con frecuencia el le hablando de cosas. Aun los mismos que decididamente prefieren el le, no siempre se guían por este principio cuando llegan a acordarse del lo; Cervantes en el *Quijote* escribe: «Desataldo» (al criado), I, 4; «que lo encerrase» (al galán), I, 34; «No se acordaba (Sancho) de la madre que lo había parido», I, 43; «Yo os lo vestiré» (a vuestro hijo), II, 5; Moratín en La mojigata: «Ya no lo tienen» (un primo beneficiado), I, 3; Tamayo y Baus en Un drama nuevo: «Ayúdame a buscarlo» (a mi rival), II, 3. Tampoco suelen guiarse por él los loístas cuando se les escapa un le; los sevillanos Pero Mejía y Mateo Alemán dicen, el primero en la Silva de varia leción «le guardan» (el secreto), I, 4, y el segundo en el Guzmán de Alfarache: «hacer bien al que no te le hace», I, I, 4; el granadino Martínez de la Rosa en el Bosquejo de las Comunidades de Castilla, según se halla en la edición primitiva de La Viuda de Padilla (Madrid, 1814), en el cual se muestra loísta rematado: «reducirle» (al reino). Lo que Salvá propone y que algunos gramáticos han vuelto regla (porque los tales andan siempre a caza de reglas, aunque sean ilusorias), es una pura conciliación y no tiene fundamento en el uso general; no obstante, parece haber ejercido alguna influencia en moderar el loísmo de algunos andaluces, como del citado Martínez de la Rosa, que corrigió el Bosquejo dicho conformándose bastante a ese principio; no sé que en los castellanos haya producido efecto semejante. Más vagas y personales todavía son las influencias fonéticas que para la preferencia se columbran en algunos escritores; por ejemplo, al emplear el le cuando usado como enclítico produce dicción esdrújula, según vemos en estos pasajes de Scio: «Joseph compró una sábana; y quitándole, lo envolvió en la sábana, y lo puso en un sepulcro» (San Marcos, XV, 46); «Lo matasteis crucificándole» (Hechos, II, 23); «Lo retiraron, y llevándole lo enterraron» (ibid, V, 6); «Sacándole fuera de la ciudad, lo apedreaban» (ibid, VII, 57); «Tomándole consigo, lo llevó a los Apóstoles» (ibid, IX, 27); etc. Pudiera decirse que mermando la intensidad de la emisión sonora hacia el fin de la palabra, la vocal que más se acerca al estado de indiferencia del aparato vocal es preferida a aquella que exige particular esfuerzo para redondear los labios. Otras veces parece que se obedece a la asimilación escogiendo la forma que cuadra con la vocal inmediata: «Pidiendo (Garcí Pérez) las armas a su escudero, pasó por medio de los moros, que conociéndolo no se atrevieron a acometerle» (Clemencín, Comentarios, III, página 444).

Baste lo dicho en cuanto al uso moderno. Para explicar cómo se introdujo originariamente en Castilla la confusión de los casos, pueden darse razones morfológicas y sintácticas. Vamos a las primeras. En castellano antiguo se suprimía con frecuencia la e de los pronombres me, te, se (acusativos o dativos), quedando la consonante incorporada ya como final de la palabra precedente al verbo, ya como final del mismo verbo: «A lo quem semeia» (Cid, 157) «Diot con la lanza» (ibid, 353); «Assi como legaron pagós el Campeador» (ibid, 2518). A semejanza de éstos se dijo: «Que nadi nol diessen posada» (ibid, 25), «Nol coge nadi en casa» (ibid, 59); e identificado el acusativo y el dativo de él en la forma apocopada lo mismo que en me, te, se, no hubo dificultad para que se igualase a éstos en la forma íntegra, produciendo el grupo formal y de sentido me, te, se, le. La misma necesidad de diferenciar el género que ha conservado el lo neutro, ha resguardado el la femenino; con todo pudieran atribuirse a la misma fuerza asimiladora los casos en que le actúa como acusativo femenino, borrándose la distinción genérica, como en me, te, se. Admitida una asimilación originaria con estos pronombres, queda

luego explicada la primera y mayor extensión del le entre las formas disloca-
das; arraigada la absorción de lo por le, dio ocasión a que les se subrogase
a los; y una vez perdida la delicadeza del sentido sintáctico para distinguir
los casos, no solo le reemplazó a lo, y les a los, sino a la inversa lo, los y la,
las a le, les. Es circunstancia que hace muy verosímiles estas deducciones la
de que precisamente en la región en que predomina el le por lo, es donde
han nacido las demás subrogaciones analógicas; entre americanos jamás he
oído la por le, ni les por los, ni los por les. En portugués y en los dialectos de
España solo existen para el acusativo masculino formas correspondientes a
lo, de modo que de la periferia al centro se ha ido oscureciendo la diferencia
etimológica.

Pasemos a las causas sintácticas. La tendencia que notamos a igualar el
acusativo con el dativo en los nombres comunes («azotaron al ladrón», «dieron cincuenta azotes al ladrón»), es natural en los pronombres personales,
porque con más frecuencia nos representamos las personas como capaces
de recibir daño o provecho o interesarse en la acción, que no como meramente pasivas o inertes.[416] Acaso por esto nos inclinamos a poner en dativo
el pronombre con una multitud de verbos cuando el sujeto es de cosa: de
una mujer se dice «nada le admira», «la suerte que le aguarda o amenaza»,
«la parte que le alcanza o le toca», «le tomó o cogió un desmayo»; como si no
admitiéramos en las cosas la misma manera de obrar que en las personas, ni
diéramos por igual el efecto de la acción en unas y en otras.

A esta causa general ha coadyuvado la variedad de régimen que ofrecen
muchos verbos, de donde la fusión de frases sinónimas en beneficio del
dativo. 1.º Es muy considerable el número de verbos que se construyen,
ora con acusativo de persona, ora con acusativo de cosa, de manera que
el pronombre referente a la persona irá unas veces en acusativo y otras en
dativo, según la construcción que se adopte: «Los aconseja para que sean
modestos» y «Les aconseja la modestia», «Los avisa d el peligro» y «Les avisa
del peligro». «Los enseña a dibujar» y «Les enseña el dibujo», etc. Fundi-
das las dos construcciones se dice una que otra vez «Avisoles del peligro»,

---

416 Así explica Sweet la desaparición en inglés del acusativo etimológico hasta quedar reemplazado por el dativo him (A new English Grammar logical and historical, I, pág. 334).
Véase además mi Diccionario de construcción y régimen, I, prep. A, 8, b.

«Les enseña a dibujar».[417] 2.º Tómanse como equivalentes verbos transitivos usados en absoluto y frases formadas por un verbo de sentido genérico y un sustantivo correspondiente al sentido del otro verbo: «Eso la fatiga» y «Eso le da fatiga», «Tal cosa los honra» y «Tal cosa les da honra»; de la fusión de las dos construcciones resulta «Eso le fatiga», «Tal cosa les honra». 3.º Inversamente, empléase con la frase el régimen propio del verbo: de «Los mató» + «Les quitó la vida» sale «Los quitó la vida»; de «Los bendijo» + «Les echó la bendición»: «Los echó la bendición»; de «Los quemó» + «Les pegó fuego»: «Los pegó fuego». 4.º Con ciertos verbos que rigen infinitivo hay notable confusión entre el acusativo y el dativo: dícese «Las vio salir», «Los oyó gritar», «Los mandó volver», puesto el pronombre en acusativo; lo mismo con un verbo transitivo en absoluto: «Las oyó cantar», «Las dejó decir»; pero si añadimos un acusativo al infinitivo, se muda luego la construcción, poniéndose en dativo el pronombre: «Les oyó cantar unas seguidillas», «Les dejó decir el diálogo», y como por otra parte existen las frases normales «Les oyó la conversación», «Les manda cosas imposibles», se hace tan frecuente el dativo en compañía de tales verbos que las locuciones primero menciona-das vienen a construirse como si el infinitivo fuera acusativo y el pronombre dativo: «Con mal consejo les hacen errar» (Guevara, Marco Aurelio, III, 1). Y es lo singular que la asimilación se extiende a casos en que el infinitivo lleva preposición; así se dice «Les obligaron a salir» como «Les hicieron forzosa la salida». 5.º Cuando el acusativo va acompañado de un predicado, es común dar al acusativo la forma del dativo, como si aquel predicado fuera el verda-dero acusativo:

> «Llora
> Que a ella le haga desdichada
> Lo que me hiciera dichosa».
>
> (Calderón, Argenis y Poliarco, II, 8)

---

417 «La promesa que hiciera (*Amadís*) de vengar aquella niña Briolanja, e le restituir en su reino, que con tan gran traición quitado le estaba» (*Amadís* de Gaula, I, 40); aquel le es el correspondiente a la construcción restituirle su reino.

Baste con esto para mostrar la parte que en la extensión del le y en la confusión de las otras formas pronominales han tenido causas sintácticas poco advertidas.[418]

122 (número 946). El dativo latino illi se halla representado en el *Fuero Juzgo* por li, lli, lle, ie, ge (la g se pronunciaba como en italiano). La ortografía je, usada por el Autor, no ocurre en los monumentos antiguos, aunque, si se atendiese a las reglas actuales, el origen de este pronombre no permitiría sino la j.

123 (número 957). Es tal la repugnancia que muestra la lengua a emplear el terminal separado de la preposición, que Cervantes llegó a decir a solo tú en vez de solo a ti o a ti solo; lo cual, junto con la circunstancia de confundirse en la mayoría de los pronombres el nominativo y el terminal, es sin duda la razón por que poco a poco se ha generalizado la construcción *entre mi padre y yo*.[419] Fuera de esto hay otras consideraciones que inclinan en casos semejantes a poner el nominativo con esta preposición. Cuando se emplea para expresar reciprocidad, el complemento formado por ella se identifica con el sujeto, y aun en ocasiones lo reemplaza: «Entre el corregidor y don Diego de Carriazo y don Juan de Avendaño se concertaron en que don Tomás se casase con Costanza» (Cervantes, La ilustre fregona); aquí se ve que la construcción normal sería: «El corregidor y don Diego de Carriazo y don Juan de Avendaño se concertaron entre sí». De aquí proviene que se emplee la preposición para denotar los varios individuos que concurren a ejecutar un acto: «Entre seis dellos (de los pastores) traían unas andas» (Cervantes, *Quijote*, I, 13). «Estaba abocinado en el suelo hecho un ovillo; (...) pero a este tiempo le levantaron entre Figueroa y don Juan de Jáuregui» (Moratín, Derrota de los pedantes).

---

418 La sustancia de esta nota está tomada de la disertación que con el título de Los casos enclíticos y proclíticos del pronombre de tercera persona en castellano, publiqué en el tomo XXIV de la Romania.

419 Esta práctica parece irse extendiendo a otras preposiciones; yo, por mi parte, diré que no me disuena la expresión «ante Marcelo y yo», que leo en un eximio escritor mexicano. [Cuervo agrega al margen, del ejemplar de su edición de 1907, en el texto: «del triste yo, Álvarez Gato, pág. 3»]. (Comisión editora. Caracas)

«Entre los dos cuidaremos
De hacerla feliz».

(Martínez de la Rosa, La niña en casa)

Si la preposición entre puede preceder al sujeto de la frase, es señal de que su carácter se ha modificado, y nada tiene de extraño que se diga entre tú y yo lo levantamos; modo de expresarse que se ha extendido a los casos en que la combinación no significa los agentes. Me parece oportuno copiar algunos ejemplos que demuestran las vacilaciones del uso en el empleo de los pronombres de primera y segunda persona después de entre.

a. Va la preposición seguida de los dos terminales: «E tú e yo somos enemigos naturales, e non veo carrera por do haya amor entre mí e ti» (Calila e Dymna; R. LI, pág. 582). «No hay departimiento entre ti e mí» (Castigos e documentos del rey Don Sancho, ibid, pág. 1472).

«La amistad que entre ti y mí se afirma no ha menester preámbulos» (Celestina, I). «Hete presentado a tu amantísimo Hijo y puesto entre ti y mí este fiel abogado» (Granada, Memorial de la vida cristiana, V, 6, orac. 14). Esta construcción parece desusada hoy.

b. Sigue a la preposición el terminal y viene luego un nombre u otro pronombre de forma igual al nominativo. «Ca muy gran debdo hay entre mí e vos e los vuestros» (*Crónica general*, III, 19). «Cuando fablamos entre mí e vos sobre estas razones...» (don Juan Manuel, Libro de los estados, I, 83).

«Ferrant Manuel, sin ira e sin saña
Hayamos jueces entre mí e vos.»

(*Cancionero de Baena*, página 265)

«Ya sabes el deudo que hay entre ti y Elicia» (Celestina, VII). «Pues como éste supiese un concierto que entre mí y Belisa había...» (Montemayor, Diana, V). «Juzgad vosotros, jueces, entre mí y mi viña» (Granada, Oración y meditación, I, jueves en la noche). «Dejando entre sí y Pedro Bermúdez una parte de la montaña que los moros habían quemado» (Mendoza, Guerra de Granada, IV). «La diferencia que hay entre mí y ellos es que ellos fueron santos y pelearon a lo divino, y yo pecador y peleo a lo humano» (Cervantes, *Quijote*, II, 58).

«Hubo algunas diferencias Entre mí y la reina viuda».

(Tirso, El vergonzoso en palacio, III, 1)

«El día de san Nicolás, en que recibirás ésta, debes poner un cubierto entre ti y Mariquita» (Isla, Cartas, I, 111). «Los hombres imparciales... decidirán entre mí y mis perseguidores» (Quintana, Obras inéditas, página 167). Como se ve, esta construcción, de todas las épocas de la lengua, es hoy perfectamente aceptable.

c. Sigue a la preposición un nombre o un pronombre de forma igual al nominativo y después el terminal. «El pecado que el hombre pone entre Dios e sí» (don Juan Manuel, Libro de los estados, II, 28). «Despartiendo entre él e mí, sope yo por él muchas cosas» (idem, ibid, I, 20). «Juramentos son entre vos e mí que el primero de nosotros que oviere guerra, sea ayudado del otro» (Crónica de Pedro I, XIII, 9). «Como quier que entre el señor rey de Navarra, e el condestable de Castilla, e el dicho conde de Haro e mí fuessen fechas algunas ligas...» (Seguro de Tordesillas, LXV). «Entre esta mi señora y mí es necesario intercesor o medianero» (Celestina, II).

«Entre vos, señora, y mí
Cruda guerra se pregona».

(Castillejo, Obras, I)

«Entre vos y mí todo puede pasar» (Almazán, Momo, I, 4). «Esto ya estaba negociado entre ella y mí y Nicolao» (Santa Teresa, Cartas, II, 31). «Aquí el señor ventero y el gran Sancho serán medianeros y apreciadores entre vuesa merced y mí de lo que valen o podían valer las ya deshechas figuras» (Cervantes, *Quijote*, II, 26).

«Entre él y mí no hay secretos».

(Tirso, La huerta de Juan Fernández, III, 8)

Parece que esta construcción está hoy reemplazada por la que va a expresarse.

d. Sigue a la preposición un nombre o un pronombre de forma igual al nominativo y después el pronombre de primera o segunda persona en nominativo: «Entre vos e yo bien sé que nos avernemos» (López de Ayala, Rimado, 456).

«Aplazado en efecto quedó el campo
Entre Fortunio y yo.»

(Lope, La campana de Aragón, III)

«Quede a la curiosidad
De la opinión cuál ha sido
Entre vuestra alteza y yo
El que mayor hazaña hizo.»

(Tirso, Amar por arte mayor, III, 16)

«Entre ella y yo, cargando con el ama,
Fuera de pulla, la llevé a la cama.»

(Calderón, Los empeños de un acaso, III, 4)

«Entre ustedes y yo no hay partido» (Iriarte, Donde las dan las toman). «Reprimid cuanto os fuese (sic) posible el deseo de saber lo que ha pasado entre él y yo» (Moratín, Hamlet, I, 13).

«Te pido
Quede en adelante roto

Entre ella y tú todo trato».

(Gil y Zárate, Un año después de la boda, III, 7)

«A Favila fue siniestro
El combate entre él y yo.»

(Hartzenbusch, La madre de Pelayo, III, 1)

«Entre tu marido y tú,
Cual pavoroso fantasma,
Se levantará el recuerdo
De tu flaqueza pasada.»

(Núñez de Arce, Deudas de la honra, II, 4)

«Entre la imagen devotísima de la Virgen y yo se interpone (la imagen de esta mujer)» (Valera, Pepita Jiménez, página 101).

Sigue a la preposición el pronombre de primera o segunda persona en nominativo.

«Si quier el casamiento fecho non fuese hoy
Entre yo e Mío Cid pésanos de coraçón».

(Cid, 2959)

«Entre yo et mi carillo
Ganamos buena soldada».

(Cancionero de Estúñiga, página 380)

«Le di las gracias y lo puse por obra, poniéndonos entre yo y el criado el amigo a los hombros hasta depositarle en su aposento y cama» (Céspedes

y Meneses, Soldado Píndaro, I, 16). «Hay entre yo y ustedes gran distancia»
(Mora, Leyendas españolas, página 65).

> «Reparto en mi testamento
> Por igual todos mis bienes
> Entre tú y mi esposa.»

> (Núñez de Arce, Justicia providencial, I, 9)

Parece a todo trance preferible la construcción expuesta arriba en b.

f. Repítese la preposición ante cada término: «Ordenó medios de paz y paz perfecta, quitando de en medio todo enojo grande o chico que esté entre Dios y entre nosotros» (Ávila, Eucaristía, XVII). «La vida de los que desean llegar a la perfección es una continua batalla, una perpetua lucha entre la carne, que está en su propria tierra y naturaleza, y entre el ánima, que es extranjera y peregrina» (Granada, Símbolo de la fe, V, 3, 19, § 1). «Puso Dios división de sombra y estorbo entre sí y entre Job» (León, Exposición de Job, III). «Después de su muerte se repartieron (sus cautivos)... entre el Gran Señor... y entre sus renegados» (Cervantes, *Quijote*, I, 40). «¿Qué hay entre nosotros y entre ti, Hijo de Dios, para que nos vengas antes de tiempo a atormentar?» (Quevedo, Política de Dios, I, 3). «Pondré mi arco en las nubes, y será señal de alianza entre mí y entre la tierra» (Scio, Génesis, IX, 13). «Existe entre ella y entre mí un obstáculo en que se estrellan a la vez todas mis esperanzas» (Larra, Un desafío, II, 2).

> «Mas con todo el miramiento
> A la debida distancia
> Que entre rey y entre vasallo
> Dios mismo establece y marca...»

> (El duque de Rivas, Un embajador español, I)

Como el autor lo advierte, esta construcción es inadmisible, aunque no falten ejemplos de ella en los clásicos latinos. Los escritores místicos pueden haberla tomado de la Vulgata, en la cual es frecuente.

124 (número 990). Hay casos en que lo mismo se puede escribir porque, en una sola palabra, o por que, en dos: «Ésta es la razón porque lo digo», considerándose porque como adverbio relativo, igual a donde en «Éste es el lugar donde murió»; y «Ésta es la razón por que lo digo», como si se pusiese por la cual.

125 (número 1000). En el sexto ejemplo («Diversas costumbres tiene que solía») se comparan dos atributos, como en el segundo («Lo mismo habla que escribe»); si se dijera «Lo mismo escribe comedias que tragedias», sí se compararían dos acusativos.

126 (número 1017). Se percibe diferencia entre «No se gastaron más de cien pesos», y «No se gastaron más que cien pesos»; lo último me parece significar que se gastaron solo cien pesos; lo primero, que pudo gastarse hasta cien pesos.

127 (número 1018). ¿Cómo habrá de decirse: «Más de uno la afirma» o «Más de uno lo afirman»? El sentido clama por el plural, porque, habiendo más de uno, por lo menos hay dos; considerado el punto gramaticalmente, pueden darse dos soluciones: si más se toma como sustantivo en el significado de mayor cantidad o número, el sujeto es singular, y también ha de serlo el verbo; si se toma como adjetivo sustantivado subentendiéndose personas (o el sustantivo que vaya luego), el verbo debería ir en plural. No obstante, esta explicación no es satisfactoria, porque al decir más personas, este plural hace inoportuno e inútil el complemento de uno. Leyendo los dos pasajes siguientes, se nota que disuena menos el singular:

> «Más de un naufragio nuevo nos avisa
> Que no por frecuentados son tranquilos».
>
> (Bartolomé de Argensola, *Epístolas*, «Yo quiero, mi Fernando, obedecerte»)
>
> «Más de un héroe han debido sus laureles,

> No al suyo, de que nadie fue testigo,
> Sino al valor de sus soldados fieles».

(Bretón, Desvergüenza, IX)

128 (número 1035). No puede admitirse que el primero a sea galicismo, porque Mariana lo usa varias veces y lo mismo se halla en otros buenos escritores del mejor tiempo; verbigracia «Los mismos que sentían diversamente, eran los primeros a besalle la mano» (*Historia General de España*, XVIII, 9). «Eran los primeros a poner las manos en los enemigos» (Mendoza, Guerra de Granada, II). «Fueron los portugueses los primeros a obedecerle» (Melo, Guerra de Cataluña, III). Saavedra dice: «Fue el rey el último a saberlo» (Empresa XXX).

129 (número 1051). Don Marco Fidel Suárez en sus Estudios gramaticales (Madrid, 1885) ha esclarecido los usos de cuyo con tanta agudeza y erudición, que creo conveniente condensar aquí (con alguna insignificante modificación) la parte de su estudio que limita la doctrina de Bello.

Cuyo, como pronombre relativo posesivo lleva siempre un antecedente que representa el poseedor; pero no es necesario que este antecedente esté inmediato. «Las primeras gentes extranjeras que después de fenecido el señorío de los reyes antiguos en España, hallamos haber entrado por ella contra sus regiones orientales, fueron naturales de la tierra que llamamos agora Francia, moradores en la provincia donde también fueron después edificadas las poblaciones de Narbona, y de Mompeller y de Marsella, cuya venida tocan sumariamente nuestros coronistas españoles» (Ocampo, Crónica de España, II, 3); aquí aparece con claridad que el antecedente es las primeras gentes extranjeras.

Hállase otras veces usado cuyo en casos en que se requiere alguna atención para desentrañar el antecedente, o por su distancia o por lo poco habituados que estamos hoy a ver enlazadas con relativos frases que no tienen una conexión estrecha. «Sículo floreció más de doscientos años antes de la guerra de Troya. En cuyo tiempo, o no muchos años después una gruesa flota partió de Zacinto» (Mariana, *Historia General de España*, I, 12); cuyo quiere decir del cual, de Sículo. «Caracalla probó en su cuerpo el cuchillo de Marcial; Heliogábalo las armas de los pretorianos; cuya osadía ha sido alabada y agradecida en todos tiempos» (Márquez, El Gobernador cristiano, I, 8); cuyo vale de los cuales, de Marcial y de los pretorianos.

Lo encontramos además en los buenos escritores, como relativo correspondiente a las frases demostrativas de esto, de eso, de suerte que se dice por cuya causa como por causa de esto, a cuyo fin como a fin de conseguir: «Las provincias que se dan con demasía al deleite de las ciencias, olvidan con facilidad el ejercicio de las armas, de que se tienen en España suficientes ejemplos, pues todo el tiempo que duró el echar de sí el pesado yugo de los sarracenos estuvo ruda y falta de letras, para cuyo remedio fundaron los reyes las universidades y colegios» (Navarrete, Conservación de monarquías, XLVI); para remedio de lo cual, de esto. Por extensión corresponde a otros complementos formados con la preposición de; así, habiendo hablado de los Pirineos, escribe Mariana cuyas cordilleras, porque se dice las cordilleras de los Pirineos, y después de nombrar la batalla de las Navas de Tolosa, pone Cascales cuya victoria, porque se dice la batalla de las Navas.

Como en el uso moderno no percibimos ya la idea de posesión en estas frases, que son a menudo fórmulas establecidas, ha nacido el abuso de emplear el relativo cuyo en circunstancias en que no corresponde a complemento alguno con de en sentido estricto o extensivo de posesión: «Le regaló un aderezo y un vestido, cuyo aderezo era de brillantes»; aquí cuyo aderezo es meramente este aderezo, o aderezo que.

Bello, no haciendo la debida distinción, ha abarcado en su censura el último caso, a todas luces impropio, y el anterior, fundado en el empleo más extenso que nuestros mayores hacían de los relativos, y en particular del posesivo, y que en ciertos modos de hablar está arraigado en la lengua actual por una larga tradición. Sin embargo, como hoy no se usa referir el relativo cuyo a un antecedente lejano y mucho menos a un concepto significado por una proposición o un infinitivo, ya no interpretamos conforme al uso antiguo ciertas fórmulas que tenían aquel valor normal. Por tanto, y no siendo de necesidad absoluta la conservación de locuciones en que se petrifica una voz que tiene vida independiente, es todavía atendible la censura de Bello, aunque no sean del todo valederas las razones en que la apoya.

130 (número 1068). En el Diccionario se encuentran cualquiera, quienquiera, dondequiera, doquiera, siquiera, escritos en una sola palabra, pero cuando quiera, como quiera, en dos. Una vez que el uso en éstos es vario, sería de desear que la ortografía se uniformase, y que se escribiesen todos como los primeros, en que no hay discrepancia.

De quequiera se hallan ejemplos en todo el siglo XVI: «Quequiera que ello sea, yo lo sabré presto de mi primo Náucrates» (Villalobos, Anfitrión, folio 39, Sevilla, 1574). «Quequier que sea, presto lo sabré» (Los menecmos de Plauto, folio 78 v.º, Amberes, 1555). «Te suplico que la comida sea templada y de poco gasto; para mí quequiera me basta» (El Milite glorioso, folio 27 v.º, ibid). «Parecile un Juan de buena alma, y que para mí bastara quequiera» (Alemán, Guzmán de Alfarache, I, 1, 3). «Ése tendrá mejor derecho para sucedelle que todos los demás, quequier que aleguen en su defensa» (Mariana, *Historia General de España*, XIX, 20).

131 (número 1071). Como quier que se usaba también en el mismo sentido causal que el simple como: «El caballo del Rey don Rodrigo, su sobreveste, corona y calzado sembrado de perlas y pedrería fueron hallados a la ribera del río Guadalete; y como quier que no se hallasen algunos otros rastros dél, se entendió que en la huida murió, o se ahogó a la pasada del río» (Mariana, *Historia General de España*, VI, 23). Como quiera que se usa todavía en este mismo sentido: «Como quiera que este carbón despide un humo espeso, lleno de partículas sulfúreas y bituminosas, que por la humedad del aire (particularmente en invierno) no puede subir a una altura proporcionada... resulta de aquí que el aire que en ella se respira es muy perjudicial» (Moratín, Obras póstumas, tomo I, página 193).

132 (número 1099). El infinitivo hace de predicado no solo mediante el verbo ser, sino también con parecer, semejar; lo mismo que se dice «Los edificios parecían desplomados», se dice «Los edificios parecían desplomarse»; y en uno y otro caso se reproduciría el predicado por el acusativo neutro lo: «no lo parecen».

133 (número 1100). El infinitivo puede servir de predicado del complemento acusativo que acompaña a verbos significativos de actos mentales perceptivos; gramaticalmente lo mismo es «Los vi rotos», que «Los vi romper-

se»; rotos y romperse predicados de los; lo mismo «Lo oí ronco», que «Lo oí enronquecer»; ronco y enronquecer predicados de lo.

Consérvase este giro cuando el complemento es un nombre apelativo, especialmente si va después del infinitivo; en este caso parece que el nombre y el infinitivo forman una proposición que constituye el verdadero acusativo.

«¡Oh Dios! ¿Por qué siquiera,
Pues ves desde tu altura
Esta falsa perjura
Causar la muerte de un estrecho amigo,
No recibe del cielo algún castigo?»

(Garcilaso, Égloga I)

«¿No oirás el dulce nombre
De madre, ni verás los tiernos hijos
Con apacible juego rodearte?»

(Jáuregui, Aminta, I, 1)

«Yo vi sobre un tomillo
Quejarse un pajarillo».

(Villegas, Cantilena VII)

«... Discreto, como suele
El que mira pasar otro delante.»

(Lope de Vega, Circe, I)

«Yo vi del polvo levantarse audaces
A dominar y perecer tiranos.»

(Moratín, Elegía a las Musas)

Sin embargo, el uso está muy lejos de ser constante en este caso: «Claro está que no era hecho de la Filosofía dejar ir solo al inocente en su viaje» (Villegas, traducción de Boecio, I, 3). Cuando el acusativo debiera ser un pronombre, se prefiere darle la forma del dativo si el infinitivo lleva acusativo: «Le oímos cantar dos arias»; «Me acuerdo haberle oído decir muchas veces hablando entre sí, que quería hacerse caballero andante» (Cervantes, *Quijote*, I, 5). Si el acusativo fuere un nombre propio, o un apelativo precedido de un pronombre posesivo, es en todo caso forzoso el uso de la preposición: «Oí cantar a tu prima»;

> «Yo estaba en lo más alto del collado
> Donde mis redes hoy tendido había,
> Cuando bien cerca vi pasar a Aminta.»

(Jáuregui, Aminta, IV, 2)

Estos giros son trasuntos de las proposiciones infinitivas de los latinos; salvo que unas veces por asimilarlos al caso en que el acusativo es un sustantivo («le oí quejas», «le manda cosas imposibles»), y otras veces por la necesidad de emplear la preposición a, ha venido a convertirse el acusativo en dativo, formando el infinitivo una proposición que, aunque dependiente de la primera, no tiene carácter tan determinado como cuando el infinitivo era mero predicado.[420]

134 (número 1106-7). En la nota sobre el infinitivo (70, f) queda explicado el uso de éste en frases interrogativas y relativas como equivalente del subjuntivo latino. No hay diferencia esencial entre el que empleado con haber o tener y un infinitivo, ya se refiera a un antecedente expreso o tácito, ya falte éste completamente; en ambos casos forma una frase relativa nacida de fusión analógica de otras dos: «No teníamos, no había que comer» proviene de «No teníamos, no había de comer» + «No teníamos, no había que comié-

---

420 Para esta nota tuve a la vista varios apuntes manuscritos que con su acostumbrada generosidad me comunicó mi amigo don M. A. Caro.

semos». En «No había pan que comer» la frase relativa conserva su valor adjetivo modificando el sustantivo pan; en «No había que comer» se sustantiva refiriéndose a un nombre tácito como cosa; generalizada la locución, se empleó con verbos intransitivos y con transitivos tomados en absoluto, y como en este caso no hay sustantivo a que pueda referirse el relativo, éste con el infinitivo tiene el sentido de un sustantivo que representa la acción del verbo. Formado así un modo especial de conjugar los verbos para significar deber o precisión, se ha dislocado el orden de los términos: «Tengo unas cartas que escribir», «Tengo que escribir», «Tengo que salir», «Tengo que escribir unas cartas» siguen los mismos pasos que «He unas cartas escritas», «He escrito», «He salido», «He escrito unas cartas». El sentido de necesidad en aquellas frases nace de las circunstancias: «No salgo porque tengo que escribir» sugiere la obligación o precisión de igual manera que «No salgo porque tengo trabajo, costura, correo» (Compárese el latín, mihi opus, usus, cautio est; nobis pugnandum est).

No es aceptable la explicación del infinitivo que da el Autor suponiendo la elipsis de poder, deber: «Mirando a todas partes por ver si descubría algún castillo o alguna majada de pastores donde recogerse y adonde pudiese remediar su mucha necesidad, vio, no lejos del camino por donde iba, una venta» (Cervantes, *Quijote*, I, 2); aquí en lugar de pudiese remediar sería admisible poder remediar, y por consiguiente no cabe suponer que se subentienda el mismo verbo en un modo personal.

Efecto también de fusiones analógicas son las locuciones que menciona el Autor en los números 1108 y 1111: «Falta que probarlo» resulta de «Falta que lo prueben» + «Falta probarlo»; «No sabe si retirarse» de «No sabe si se retire» + «No sabe retirarse». Las del número 1110 están explicadas en la nota 70, f.

135 (número 1114). El adjetivo verbal en ante, ente, se usó antiguamente como verdadero participio activo, de lo cual ha allegado bastantes ejemplos mi amigo el señor Caro en su Tratado del participio, capítulo VIII. He aquí otros: «Sea curada con polvos crecientes carne» (*Libro de la Montería*, libro II, capítulo V);

«Era en el primero, teniente en la diestra

La foz incurvada, el grand Cultivante.»[421]

(Marqués de Santillana, Comedieta de Ponza, copla XCI)

Este uso participial se conserva hoy como petrificado en compuestos por el estilo de fehaciente, lugarteniente, terrateniente, poderdante, poderhabiente, cuyo tipo sintáctico vivo nos ofrece este verso del *Libro de Alexandre* (1370):

«Estos son caualleros espadas cinientes».

La dificultad, si no imposibilidad, de resucitar este participio se arguye de la extrañeza que causa en lenguaje moderno: «Háblese de ellos como de hombres divinos, bajados del cielo, y no reconocientes superior en la tierra» (Martínez Marina, Discurso sobre el origen de la monarquía). La locución de este pasaje es fórmula antigua.

136 (número 1137). En la primera edición de esta *Gramática* decía el Autor: «Casos hay también de dos negaciones consecutivas, que tienen el valor de una sola: ni menos, ni tampoco». Esto lo comprendo; como él lo varió y aparece hoy, me parece contradictorio.

137 (número 1146). Merecen especial mención aquellas frases, tan comunes en griego, que agrupan en torno de un solo verbo dos voces interrogativas: «Dorotea es discreta, Felipa es boba, ¿cuál puede engañar a cuál?» (Lope, Dorotea, IV, 7). «Sea él tan honrado que con una espada en la mano salga a reñir conmigo y veremos quién mata a quién» (Chaves, Relación de la cárcel de Sevilla, II).

---

421 «Mujer casta e temiente a Dios» (Castigos y documentos del rey don Sancho, VI). «Guiñante el ojo» (ahí mismo). «Dante muchas gracias a Dios» (don Juan Manuel, Libro de los estados, I, 46). «Mi siervo Job temiente a mí mucho» (López de Ayala, Rimado de palacio, 882). «Temientes a Dios» (Villena, Arte cisoria, XIII). «Él e los otros esto sabientes» (ahí mismo, XIV). «A Dios non temiente» (*Cancionero de Baena*, pág. 86). «Sufrentes coytas mortales» (ahí mismo, pág. 96). «La multitud de centauros trayentes armas» (Alfonso de la Torre, La visión delectable, I, 1). «Opiniones implicantes contradicción» (ahí mismo, I, 7). Etc.

«¿Quién, decid, agravia a quién?»

(Calderón, El médico de su honra, III, 2)

«Yo no sé en este belén
Quién de ellos engaña a quién».

(Bretón, ¡Qué hombre tan amable!, III, 10)

«El que todo lo gobierna
Me trajo a esta habitación,
Para que al verte salir,
Pudiera a tus pies gemir
Implorando compasión:
-¡Quién la pide a quién!».

(Hartzenbusch, Primero yo, IV, 3)

138 (números 1164-5). Me parece que no pueden separarse los hechos que expone el Autor en los números 978, 979, 981, de los que explica en los números 1164 y 1165, como que todos se derivan de un mismo principio, según va a verse.

Era común en griego y en latín realzar un término enfático trasladándolo de la proposición subordinada a la subordinante, y el castellano heredó esta práctica, así la conocida frase de Cicerón: «Nosti Marcellum quam tardus et parum efficax sit, itemque Servium quam cunctator» (Fam., VIII, 10). Se halla traducida de este modo por P. S. Abril: «Ya tú conoces a Marcelo cuán flemático es y cuán de pocos negocios, y a Servio cuán amigo de dilatarlos» (folio 78, Barcelona, 1592), donde la construcción normal sería: «Nosti quam tardus sit Marcellus», «Conoces cuán flemático es Marcelo».

«Mira Nerón de Tarpeya
A Roma como se ardía.»

(Romancero, R. X., pág. 3931)

Pero es mucho más común en nuestra lengua convertir la proposición interrogativa en relativa que modifica al sustantivo trasladado de la proposición subordinada a la subordinante: «Dígame qué camino he de seguir» pasa a «Dígame el camino que he de seguir»; «Averigüe en qué casa vive» a «Averigüe la casa en que vive». De aquí proviene que muchos verbos se construyen de un modo u otro, y que la construcción relativa nos parezca con frecuencia la natural, aun cuando en latín, por ejemplo, sería menester emplear la forma interrogativa. «Abre los ojos, miserable, mira el camino que llevas y adónde vas» (Granada, Oración y meditación, I, martes en la noche).

Lo más singular es la correspondencia que establece el uso entre pronombres y adverbios interrogativos por una parte y frases en que figuran el artículo y el relativo por otra; así cuál parece resolverse en el que, para convertir la frase de interrogativa en relativa: «No sé cuál elegirán > No sé el que elegirán».

«De todas aquesas penas,
¿Qué sé la que sientes más?»

(Calderón, La dama duende, I, 6)

Qué, neutro, se resuelve en lo que: «No sé qué dice» > «No sé lo que dice». «Ya sé lo que intentas» (P. S. Abril, Terencio, Andria, IV, 2; el original: «Scio quid conere»). «No sabéis lo que pedís» (Cipriano de Valera, San Mateo, XX, 22; la Vulgata: «Nescitis quid petatis»).

Cuánto > lo que, lo mucho que: «Dígame cuánto costó» > «Dígame lo que costó». «No sabe cuánto la quiere» > «No sabe lo mucho que la quiere». «Vuestra merced no deje de escribirme, pues sabe lo que me consuelo» (Santa Teresa, Cartas, II, 45). «Ponderoles lo que deseaba su bien» (Solís, Conquista de México, II, 12).

«A la pulga la hormiga refería

163

> Lo mucho que se afana,
> Y con qué industrias el sustento gana;
> De qué suerte fabrica el hormiguero;
> Cuál es la habitación, cuál el granero».

(Iriarte, *Fábulas*, IX)

Cuán con un adjetivo o un adverbio > lo... que: «No sabe cuán útiles son tales instrumentos» > «No sabe lo útiles que son tales instrumentos»; «Ya ves cuán pronto pasan» > «Ya ves lo pronto que pasan». «No sabe usted lo asustada que estoy» (Moratín, *El sí de las niñas*, III, 11). «Conozco lo mal que hago en no seguir puntualmente lo que manda la moda» (el mismo, La escuela de los maridos, I, 1).

La misma correspondencia o conversión se observa en las frases exclamatorias y admirativas: «¡Oh lo que él se ha holgado con sus cartas!» (Santa Teresa, Cartas, I, 64).

La coexistencia de las dos construcciones ha dado margen a que se confundan cuando interviene una preposición; dícese normalmente: «Sé a qué blanco tiras»; «Sé el blanco a que tiras»; y de aquí «Sé al blanco que tiras». Construcción la última tan genial del castellano, que es casi exclusiva cuando se trata de la combinación el que, la que, etc. «Mira de la manera que se hila un copo de lana en un torno» (Granada, Oración y meditación, I, martes en la noche). «Dinos ahora a lo que vienes» (Lope, Dorotea, V, 7). «Mira el camino que llevará por aquella nueva región, y en lo que finalmente parará, y cómo será juzgada» (Granada, ibid, miércoles en la noche).

Igual cosa sucede en las exclamaciones, «¡A lo que obliga el amor!» (Moratín, *El sí de las niñas*, II, 13).

No para aquí la confusión de las dos fórmulas, sino que se repite la preposición; giro desaliñado que no se admitiría hoy:[422] «Quisiera que el dolor que tengo en esta costilla se aplacara tanto cuanto para darte a entender, Panza, en el error en que estás» (Cervantes, *Quijote*, I, 15).

---

422   Cuervo intercala aquí en adición manuscrita al ejemplar de su edición de 1907, el siguiente ejemplo: «Sabiendo en el trabajo en que estamos, se pone a cantar semejantes vanidades» (Salas Barbadillo, *Corrección de vicios*, nov. III). (Comisión editora. Caracas)

«Veníos conmigo y veréis
En el engaño en que estáis».

(El mismo, *La Entretenida*, II)

Los ejemplos siguientes, y más que pudieran citarse, demuestran, que nuestros escritores sentían en la frase traspuesta una proposición interrogativa, que debía concordar con el singular masculino (número 1166): «Baliñí, sabido la poca gente con que el conde se acercaba, dicen que lo escribió a su rey» (Coloma, Guerras de los Estados Bajos, VIII). «Sabido por el virrey y audiencia los aparejos de guerra que Pizarro y otros hacían en el Cuzco, despacharon provisiones llamando gente con armas para servir al rey» (Sandoval, Historia de Carlos V, XXVII, § 7). «En las demás ciencias matemáticas también es sabido los autores que escribieron en verso» (Covarrubias y Orozco, Emblemas, folio 7; Segovia, 1591).

139 (número 1067). La combinación tanto más o menos cuanto que (donde el que se debe acaso a la influencia de tanto más que), a pesar de la justa censura del Autor, parece ya irremediablemente arraigada. En las últimas ediciones de su *Gramática* preceptúa la Academia: «Siempre que siga al adverbio tanto el de comparación más, deben tener por correlativos los vocablos cuanto que, verbigracia: «tanto más me empeño en acabar hoy esta obra, cuanto que no me podré dedicar mañana a ella» (página 179, Madrid, 1904). Si este precepto obliga en conciencia, es cosa que no me atrevo a decidir.

140 (número 1177). Mariana usa el participio adjetivo con enclíticos, quizá a imitación de los italianos: «Respondió que los que desamparaban la fe no podían ser restituidos al grado que antes en la Iglesia tenían; que, impuéstales la penitencia, y hecha la satisfacción conforme a sus deméritos, podrían empero ser recibidos, mas sin volverles la honra y el oficio sacerdotal» (*Historia General de España*, IV, 10; item, X, 10).

141 (número 1182). Para enlazar una proposición subordinada con la subordinante nos valemos de una voz relativa sola (que, cual, el cual, cuyo, cuanto, cuando, si), o de combinaciones en que figuran éstas, ora formen un

compuesto ortográfico, como aunque, porque, ora se escriban separadas, como con que, desde que, hasta que, para que, en tanto que, a tiempo que, luego que, luego como, así que, así como. De aquí se ha originado una fusión semejante a la que se explica en la nota siguiente. Mientras, originariamente domientre, demientre, demientra, es la combinación latina dum interim, dum interea (Hand, Tursellinus, II, 314); guardando unas veces el valor relativo del primer componente dum, excluía el que («Dezitmelo demientre avedes la memoria», Berceo, *Santa Oria*, 172); y guardando otras el valor demostrativo de interim, lo admitía («Demientre que el visco todo lo propusieron», Berceo, Santo Domingo, 286). La misma vacilación ocurre en los equivalentes italiano y provenzal, y la forma originaria domientre se halla en castellano con el valor de interim, entre tanto («Auriemos hy un rato assaz que deportar; Yrsenos ye domientre guisando de yantar», *Libro de Alexandre*, 2348; item, 1844); de modo que la variedad de oficios tiene aquí fundamento etimológico. Pues, nacido de post, significaba después, y era ya adverbio («Nin pues nin ante», Berceo, Sacrificio de la misa, 58), ya preposición, como en pues que, combinación frecuentísima en los primeros tiempos de la lengua significando después que («Pues que fuere fallado, reciba muerte», *Fuero Juzgo*, II, I, 6), del cual sentido pasó al causal («Pues que en estos lugares que había de haber tan buenos homes et que eran tan amigos de Dios, hobo buenos et malos, non es maravilla si los ha entre las otras gentes», *Partidas*, I, 5, 47). A medida que fue cayendo en olvido como adverbio y limitándose el uso preposicional a la combinación dicha, se igualó a los adverbios relativos de significación análoga, cuando, como, si («Pues fueren en vuestro poder», Cid, 2105; «Pues trabajo me mengua», Sem. Tob., 35). En Berceo se halla fasta por fasta que («Estalo esperando fasta faga tornada», Sacrificio de la misa, 69; item, 40), pero sin duda por el uso común de esta preposición en otras combinaciones no se arraigó la omisión del que.

La misma tendencia a omitir éste para dar a complementos el valor de adverbios relativos se observa hoy en España, donde escritores desaliñados dicen en tanto llega por en tanto que llega, una vez le hayan derrocado por una vez que le hayan derrocado.

142 (número 1182). La semejanza de sentido y funciones ideológicas que entre sí tienen algunas frases adverbiales, adverbios y preposiciones, da

ocasión a que conmuten también sus oficios gramaticales. Con los adverbios enfrente, encima es normal el uso de la preposición de, porque depende de los sustantivos cima y frente que entran en su composición y tiene ella igual valor que en las frases adverbiales en torno del altar, en medio o en mitad de la plaza. Estos adverbios y frases adverbiales han asimilado a sí voces que en su origen fueron preposiciones, de modo que hoy introducimos el de donde antes se dijo cerca Valencia (Cid, 3316), delant los coraçones (ibid, 715); más completa ha sido la asimilación en las antiguas preposiciones empos, encontra, que ahora son las frases adverbiales en pos de, en contra de; tras conserva hoy los dos oficios preposicional (que es el originario) y adverbial. Por el contrario, las preposiciones atraen a su grupo e igualan a sí adverbios y frases adverbiales que naturalmente se construyen con de: bajo el techo, dentro los montes (Mariana), encima el polo (Valbuena), en medio el bosque (el mismo), en torno los tizones (Ercilla). Ilústrase el último procedimiento con la conversión de los complementos a la orilla de, a la ribera de en preposiciones por los grados que indican estos ejemplos: «Pasado Toledo, a la ribera del mismo río, está asentada Talavera» (Mariana, *Historia General de España*, I, 4); «Estaba Fernán Antolínez devoto oyendo misa, mientras a las orillas del Duero el conde Garcí Fernández daba la batalla a los moros» (Saavedra, Empresa XVIII); «¿Quién hay que quiera morar en lugares pequeños que ninguna defensa tienen, ribera de la mar en tiempo que andan corsarios por ella?» (Ávila, Eucaristía, IX);

«Estaba pensando en ti
Cuando orillas desta fuente
Vi tus perros».

(Lope, El hombre de bien, I, 2)

«Aunque traigo vestidos de gitana,
Nací en Medina, y no ribera el Nilo».

(El mismo, El arenal de Sevilla, II, 2)

«¿Qué pasatiempo mejor
Orilla el mar puede hallarse,
Que escuchar el ruiseñor,
Coger la olorosa flor
Y en clara fuente lavarse?»

(Gil Polo, Diana, III)

143 (número 1184). Todavía en el siglo XVII concordaban con el sustantivo siguiente excepto, durante, mediante, obstante, embargante, como antes se había hecho, según se ve en los pasajes siguientes: Excepto: «Llamo yo aquí letras consonantes a todas las del ABC, eceptas las cinco vocales» (Pedro de Alcalá, Arte para ligeramente saber la lengua arábiga, capítulos III y IV); «Hágale que desde entonces las ordene todas (las buenas obras) para este efecto, exceptas las que fuere obligado o quisiere aplicar para satisfacer por otros» (Azpilcueta Navarro, Manual de confesores, XXV, 28, Valladolid, 1570); «Todas las ciudades de éstos fueron arrasadas... exceptas tres, que estaba dispuesto por orden de Dios que quedasen» (Márquez, El Gobernador cristiano, II, 31, Pamplona, 1615); «Eceptos Josué y Caleb» (el mismo, I, 29). Durante: «No se había tratado de otra cosa... durantes aquellos meses» (Coloma, Tácito, Historias, I, § 3, página 639, Douay, 1629); «Sin acordarse del peligro a que había puesto el rey todas sus fuerzas por socorrelle, ni el haber embolsado durantes las guerras pasados de doscientos mil ducados» (el mismo, Guerras de Flandes, VII (página 245, Amberes, 1625). Mediante: «Lo que después se hace mediantes los actos exteriores, es la ejecución desta determinación de la voluntad» (Palacios Rubios, Esfuerzo bélico heroico, XXIV); «Que Plancina fuese absuelta, mediantes los ruegos de Augusta» (Coloma, Tácito, Anales, III, página 153, Douay, 1629). Obstante: «Estatuimos que las mujeres viudas puedan libremente casar dentro en el año que sus maridos murieren, sin alguna infamia, no obstantes cualesquiera leyes de fueros e ordenamientos» (Ordenamientos reales, V, 1, 5; item, V, 9, 3, y Novísima Recopilación, X, 2, 4); «Non obstantes estos impedimentos, plugo a la sabiduría soberana alumbrar las tinieblas de mi entendimiento» (Pedro de Alcalá, ubi supra, prólogo); «Era imposible vencer la tormenta, no

obstantes los ayunos y oraciones que se habían hecho» (Márquez, ubi supra, I, 22). Embargante: «Non embargantes cualesquier mis cartas e albalaes» (Cortes de Zamora, año 1432); «Non embargantes cualesquier mercedes» (Cortes de Toledo, año 1436); «Non embargantes cualesquier cartas» (Ordenamientos reales, IV, 1, 6).

Es de creer que los más de estos adjetivos se hicieron invariables por la frecuencia con que se emplean con una proposición encabezada por que: no obstante que, mediante que. Igual transformación y por igual camino experimentó atento; formaba cláusulas absolutas significando atendido, considerado: «Se ha de resolver la cuestión atento solo el derecho divino y natural» (Márquez, El Gobernador cristiano, I, 16): «Atenta la propiedad de la lengua original» (fray Luis de León, Job, XXXII); con una proposición: «fue determinado que no había ganado, atento que quedaban dos lanzas aún por correr» (Pérez de Hita, Guerras de Granada, I, 9); invariable: «Proveyó que atento la religión y observancia de aquella ciudad y de todo el reino, la Inquisición se quitase» (Mariana, *Historia General de España*, XXX, 1); «Atento una ley de la Recopilación» (Hevia Bolaños, Curia filípica, I, 8). Estos usos están hoy olvidados.

El adjetivo incluso, común en cláusulas absolutas, verbigracia: «En abrir el canal se emplearon nada menos que cuarenta mil ochocientos diez y ocho indios, inclusas mil seiscientas sesenta y cuatro mujeres cocineras» (don Luis Fernández Guerra y Orbe, Alarcón, parte I, capítulo XIII), se usa en lo moderno de la misma manera que excepto: «La misma dureza de su carácter y la briosa inflexibilidad de su genio hacían más vehemente en ella toda pasión, incluso la del amor» (Valera, El Comendador Mendoza, XIV); «Ninguna de las defensas del sexo femenino, incluso la misma de don Álvaro de Luna (que es para mi gusto la mejor de todas) puede competir en riqueza de lenguaje, en observación de costumbres, en abundancia de sales cómicas, con el donosísimo Corbacho o Reprobación del amor mundano del Arcipreste de Talavera» (Menéndez y Pelayo, Antología de poetas líricos castellanos, V, página CCXXIX).

Con frecuencia y aun por escritores conocidos se desvirtúa la construcción propia de estas cuasi-preposiciones interponiendo una preposición que suministra la analogía de otra locución sinónima; así con el de que llevan a pesar de, sin embargo de, dicen: «No obstante de ser inmenso el auditorio» (Isla, R. XV, página 1471; item, página 5281). «No embargante de ser poetas» (el mismo, ibid, página 921; item, página 832); con la a de en atención a dicen «Mediante a que de especial comisión nuestra ha sido examinada» (documentos en Carvajal, Salmos, I, página XXIII); «Mediante a lo que ha propuesto» (documentos en Mora, Sinón, página IX). Descuidos son éstos que a todo trance deben evitarse.

144 (número 1214). Así que, aunque era poco común, no era desconocido en el siglo XVII: «El soldado, así que se satisfizo de la verdad, por volver por su reputación, puso por obra la venganza» (Vida y hechos de Estebanillo González, II; y dos veces más en el capítulo V). «Así que entró en Castilla, fue amolador; luego se acomodó por criado de un panadero de Corte» (Santos, El no importa de España, página 222, Madrid, 1667). Así que es fusión de así como y luego que.

145 (número 1220). Hoy no se dice ya aun bien que, sino a bien que, frase de diferente origen.

«Una cosa te quería
Decir, pero ya la dejo;
A bien que a mí no me importa».

(Moratín, La Mojigata, II, 10)

146 (número 1242). En la frase cuanto más, ha perdido ya cuanto la entonación interrogativa, por lo cual no se le pinta el acento.

147 (número 1243). No solo con desde empleamos por término una oración completa, sino también con hasta: «Duraron estas prácticas loables hasta pocos años ha» (Villanueva, Viaje literario, tomo XIV, página 115). «Todavía hasta hace poco han sido en España las historias más celebradas entre el vulgo las que refieren los altos hechos de bandidos» (Valera, Disertaciones y juicios literarios, página 35). Es menos frecuente con de: «La difusión del lujo data en España de hace treinta o cuarenta años» (el mismo, ahí mismo, página 188). Esto proviene de que las frases poco ha, hace un año, por efecto de su uso frecuentísimo se han igualado a adverbios y complementos

de tiempo. Como se dice «llegó ayer», «está aquí desde ayer», ha sido fácil el tránsito de «llegó hace un mes» a «está aquí desde hace un mes».

Sobre la expresión ahora un año véase la nota 104.

148 (número 1261). Pero, unido a que, formaba en los tiempos más remotos de la lengua un adverbio equivalente de aunque, y omitido el que, asumía el primero fuerza de adverbio relativo; de todo esto se ven ejemplos en el Poema de Alejandro, y con ellos se comprueba el oficio primitivo de pero, que fue de adverbio demostrativo, según indica el Autor. Véase la nota 141.

149 (número 1283). Nuestra conjunción copulativa presenta ejemplar interesante de la suerte que las más veces corren con el tiempo las diversas formas que toma una palabra como efecto de la relación fonética en que viene a encontrarse con otra palabra inmediata. El carácter proclítico de la conjunción latina t impidió que se diptongara la e breve en castellano; sin embargo, al hallarse e delante de palabra que comenzase con la misma letra, era preciso reforzar la primera vocal y en cierto modo acentuarla para darle cuerpo y no dejar que se confundiera con la siguiente; de donde en vez de la madre e el padre se dijo la madre ie el padre, y de aquí la madre iel padre, la madre y el padre. En el *Fuero Juzgo* (excepto en el título preliminar, que en la edición de la Academia no corresponde al mismo dialecto de lo restante de la obra) se halla observada con bastante regularidad la regla de emplear y, hy antes de e, y e, et en los demás casos. Lo mismo en la especie de pastorela del siglo XIII publicada por el señor Morel-Fatio en el tomo XVI de la Romania, páginas 368-373.

La costumbre de representar la conjunción copulativa con un signo ideológico más que fonético, no siempre bien interpretado en las ediciones por medio de et, impide saber la extensión con que se aplicaba esta regla en otros libros; pero es imposible que no haya conexión histórica entre el uso del siglo XIII y lo que se observa desde mediados del siglo XV hasta principios del XVI. En la Crónica de don Juan II, por ejemplo, en las obras de Diego de Valera, de Pulgar, en el *Amadís* de Gaula, en la Glosa del Comendador Griego al Laberinto de Juan de Mena, es raro hallar y como no sea antes de e, aunque ya asoma la tendencia a usar esta forma fuera de su lugar. En Gonzalo Fernández de Oviedo aparece completa la confusión, y a pocas vueltas y lo invade todo, no dejando puesto a e sino cuando la palabra siguiente empieza por i. Cosa parecida acontece con o: según el uso corriente no se dice u sino antes de o, pero en algunos escritores, como Quevedo y Santa Teresa, se halla antes de otras letras, y entre el vulgo hay quienes no emplean sino esta forma. Ciento y cien forman igualmente una ditología sintáctica, y vemos que ya empieza cien a emplearse en casos en que no es proclítico.

150 (página 364). El autor a quien aquí se hace relación (Hermosilla, en sus Principios de *Gramática* general) comete además dos errores de no poca monta: 1.º Creer que en griego un mismo verbo significa ir y ser, porque en la primera persona del presente (salvo el acento) concurran ambos sentidos; 2.º Decir que fui, fuera, etc., pertenecen en propiedad a ir. En griego las dos raíces (sánscrito as), ser, (sánscrito i), ir, coinciden casualmente en el presente, como en castellano creer y crear, que hacen yo creo. Así como en francés se dice *j'ai été vous voir por je suis allé vous voir*, lo mismo en castellano yo fui, por una especie de metonimia en que se toma el consiguiente (estar en Roma) por el antecedente (haber ido a Roma), ha pasado de la conjugación de ser a la de ir: «Pláceme de ir a do tu quisieres... et desque allí fuéremos te contaré algunas cosas con que hayas placer» (Calila e Dymna). Recuérdese además que hoy usamos de igual manera el verbo estar: «Una mañana, después de oír misa con don Valentín, estuvo doña Blanca a visitar a doña Antonia» (Valera, El Comendador Mendoza, X).

151 (página 379). Que el verbo latino iocari pudo dar y dio en castellano iogar, es cosa cierta, como que tal forma se lee en el Cid, en Berceo, en el Alexandre y en el *Fuero Real*; ahora, que este verbo nacido de iocari tuviese realmente en algún tiempo el mismo sentido que yacer en los lugares indicados del *Fuero Juzgo* y de las *Partidas* es harto dudoso. No sé que lo haya usado otro que Cervantes; y para mí tengo que, habiendo visto éste en el *Fuero Juzgo* y en la *Crónica general* el pretérito yogo de yacer, se forjó el yogar que usa en los capítulos XLV y LII de la parte segunda del *Quijote*, primero remedando el habla rústica y después mezclando la familiar con la arcaica de libros caballerescos. Nótese además que iogar en aquellas obras antiquísimas es la forma natural de jugar, como ioglar y logar lo son de juglar y lugar, y no sería fácil explicar cómo aquél se dividió en las dos formas jugar y yogar; a no ser que supongamos una fusión de iogar y yogo, yoguiera, allá

en los tiempos en que éstas coexistían. Sobre la pronunciación antigua de la j véase la nota 1.

Adición a la página 455. Con los verbos que han fijado la vocal han de contarse vedar y templar, que diptongaban la del latín vto, tmpero (afín de tmpus, tiempo); de vieda, viede se hallan todavía ejemplos a principios del siglo XVI (Rodríguez Villa, Bosquejo biográfico de la reina doña Juana, página 118); tiempla, tiemple siguieron usándose hasta el siguiente, según se ve sucesivamente en la Celestina, en Santa Teresa y en Lope de Vega. Arriedra de arredrar guarda con rtro la misma correspondencia que piedra con ptra, y aparece todavía en las obras de Lope de Rueda, Hurtado de Mendoza y fray Luis de León.

Adición a la nota 80. El señor K. Pietsch (The spanish particle he, Chicago, 1904) discute con exquisita erudición y sana crítica las explicaciones que se han dado de he, y prueba que ni la historia, ni la fonética en la semasiología se oponen a que sea imperativo de haber. Solo quedan dudas en cuanto a la relación de he con fe. Por otra parte el imperativo habe se halla en escritos tan antiguos como he, ahé, de modo que ya en ese tiempo no se percibía conexión entre las dos formas.

Adición a la nota 141. Según es otro ejemplo de la conversión de una preposición en adverbio relativo. Véase *Gramática*, número 987.

Libros a la carta

A la carta es un servicio especializado para

empresas,

librerías,

bibliotecas,

editoriales

y centros de enseñanza;

y permite confeccionar libros que, por su formato y concepción, sirven a los propósitos más específicos de estas instituciones.

Las empresas nos encargan ediciones personalizadas para marketing editorial o para regalos institucionales. Y los interesados solicitan, a título personal, ediciones antiguas, o no disponibles en el mercado; y las acompañan con notas y comentarios críticos.

Las ediciones tienen como apoyo un libro de estilo con todo tipo de referencias sobre los criterios de tratamiento tipográfico aplicados a nuestros libros que puede ser consultado en Linkgua-ediciones.com .

Linkgua edita por encargo diferentes versiones de una misma obra con distintos tratamientos ortotipográficos (actualizaciones de carácter divulgativo de un clásico, o versiones estrictamente fieles a la edición original de referencia).

Este servicio de ediciones a la carta le permitirá, si usted se dedica a la enseñanza, tener una forma de hacer pública su interpretación de un texto y, sobre una versión digitalizada «base», usted podrá introducir interpretaciones del texto fuente. Es un tópico que los profesores denuncien en clase los desmanes de una edición, o vayan comentando errores de interpretación de un texto y esta es una solución útil a esa necesidad del mundo académico.

Asimismo publicamos de manera sistemática, en un mismo catálogo, tesis doctorales y actas de congresos académicos, que son distribuidas a través de nuestra Web.

El servicio de «Libros a la carta» funciona de dos formas.

1. Tenemos un fondo de libros digitalizados que usted puede personalizar en tiradas de al menos cinco ejemplares. Estas personalizaciones pueden ser de todo tipo: añadir notas de clase para uso de un grupo de estudiantes,

introducir logos corporativos para uso con fines de marketing empresarial, etc. etc.

2. Buscamos libros descatalogados de otras editoriales y los reeditamos en tiradas cortas a petición de un cliente.